青岛图像志

QINGDAO ICONOGRAPHY

卷一·建置初期

阎立津　编著

青岛出版集团｜青岛出版社

图书在版编目（CIP）数据

青岛图像志. 卷一，建置初期 / 阎立津编著.— 青岛：青岛出版社，2023.11
ISBN 978-7-5736-1481-0

Ⅰ.①青… Ⅱ.①阎… Ⅲ.①青岛－地方史－图集Ⅳ.①K295.23-64

中国国家版本馆CIP数据核字（2023）第169481号

QINGDAO TUXIANG ZHI
书　　名	青岛图像志（卷一·建置初期）
编 著 者	阎立津
出 版 人	贾庆鹏
德文译者	王　佩
俄文译者	阎振辉
出版发行	青岛出版社
社　　址	青岛市崂山区海尔路182号（266061）
本社网址	http://www.qdpub.com
邮购电话	0532-68068091
特约编审	刘　咏
责任编辑	刘　坤　刘　冰
装帧设计	李开洋
平面制作	青岛齐合传媒有限公司
印　　刷	青岛名扬数码印刷有限责任公司
出版日期	2023年11月第1版　2023年11月第1次印刷
开　　本	16开（889mm×1190mm）
印　　张	34.25
字　　数	200千
印　　数	1-1000
书　　号	ISBN 978-7-5736-1481-0
定　　价	298.00元

编校印装质量、盗版监督服务电话 4006532017　0532-68068050

一本城市旧影　一本遥远的回忆录

百年故乡沧桑　百年艰辛的求索史

　　　　　　　　——题记

青岛图像志

来自德国柏林的祝愿

当下，我们的生活被先进的科技和快速的社会发展所影响。虽然经济水平和社会环境有了诸多改善，但这种急速变化也导致人们出现了认知上的差异。

文化和历史见证了人类的自我发展，所以，我们应当去了解多元的文化和历史，了解自己的来历，认知自己的生存环境，以便更好地理解当下、珍惜当下，积极地创造未来。

《青岛图像志》（卷一·建置初期）为我们介绍了一座独具历史魅力和文化色彩的城市——青岛，以及这座城市在历史进程中的区域性变化和国际化发展。

青岛城市的现代化出现在早期殖民主义的特殊时期，这段历史对整个城市发展的影响延续至今。政治侵略与占领、法律不平等和战争事件、反抗和革命等诸多变革在人们的记忆中留下了抹不去的痕迹，一些相关信息在本书中有直观体现。

历史都是具备两面性的，既有光又有影，二者又同属一体。虽然这座城市曾经历不公正的殖民统治，但一些积极的文化交流和东西方互相学习的印迹得以留存。1897 年至 1914 年间的德中文化交流，对德国人研究博大精深的中国文化助益颇多，使许多中国传统文化作品首次被翻译成德文；为了继续深入研究中国文化，德国的一些大学开设了中文专业；德国地理学家费迪南德·冯·李希霍芬对中国进行了大量研究并撰写了第一部中国现代地图集；德国对青岛的城市规划、基础设施建设以及现代化管理理念，都得到了研究人员的重视。

非常感谢阎立津先生的这本著作。在阎先生担任青岛市博物馆馆长期间，我是德国历史博物馆的策展人。当时，我们联合筹备了第一个"德国与青岛"的历史展览，并且一起出席了博物馆的会议。1998 年，"青岛：德国殖民历史之中国篇（1897—1914）"在德国历史博物馆正式开展。这个展览展示了殖民时期青岛的城市规划与建设、发展历程、存在的冲突与创新、中国人与德国人的生活状况以及德中文化传播等方面的内容，让青岛这座城市和那段特殊的历史得以再现，从多角度展示了殖民时期青岛的城市发展轨迹，受到来自德国和中国参观者的欢迎。

希望这本书可以让读者产生极大的兴趣，更多地了解青岛这座城市，发现和研究她的文化和历史脉络。

祝愿一切顺利！

国际博物馆协会原主席
德国历史博物馆原馆长　马丁·辛茨教授

2019 年夏于柏林

解码城市的历史记忆

　　资深文博专家、青岛地方史学者阎立津先生的《青岛图像志》（卷一·建置初期）不久将付梓。作为多年的同事，本人承蒙阎先生所惠，得以先睹为快。本书选用了千余张珍贵照片，用凝固的历史瞬间呈现了青岛市区从农村向城市雏形发展的过程，以及当时胶州、即墨两个县城的基本样貌。这本书从照片遴选范围，到资料诠释角度，再到信息水平把握，均突出了作者的深厚学养和精湛业务。出于职业的敏感，我发现这个史学成果有着鲜明的博物馆学理念和方法取向，尽管它的呈现方式是图书出版而非陈列展览。

　　在博物馆专业研究框架下，历史信息的选择、编码、储存和提取有些突出的特征。首先，如果根据人们对历史的一般性理解进行推理，任何事物都可以成为历史的见证或者是历史记忆的一部分。一个文字符号、一张照片、一个区域、一件实物，以及与此相关的所有活动和它们的表现形式，都在见证某一特定的历史时刻、历史事件或历史人物，在理论意义上都可以被纳入博物馆历史研究的范畴。然而，如果回归到可能和可行的层面上，做出选择是一个看似简单实则复杂的课题。第二，博物馆的重要使命之一，是研究、挖掘历史见证物的信息和潜在价值，使过去的历史能够为今天的人们所理解和认识，而这个研究和挖掘的过程需要多学科的观点，这样其所揭示的历史记忆才是联系的、多维的，而非孤立的、线性的。第三，博物馆的历史研究要解决好历史见证物的信息和价值的转换问题。因为研究活动通常抽象性较强，所以容易使许多成果成为对抽象结果的整理和摘要，这在其他机构或许是合理的，但在博物馆则不行。因为公众对历史的认知往往建立在具体、真实体验的基础上，如果历史研究揭示的结论在现实生活中找不到任何交汇点并且无法被明确说明的话，那么，这些抽象的东西就变得难以理解。可见，博物馆历史研究的一个重要特征，是不仅提供一些抽象化的结论，而且研究要深入，呈现给观众的要通俗易懂，以避免造成历史研究者与历史学习者在文化和专业上的隔阂。

阎立津先生曾多年担任青岛市博物馆馆长，指导和策划了许多以青岛地方历史文化为主题的陈列展览和研究项目。与他的经历紧密联系起来，我们便不难看出本书是如何平衡历史研究者与历史学习者之间的关系的。它首先确定了一个广义文化的视角，选择人文性最突出的照片资料，题材涵盖了物质文化、健康文化、社会政治文化和审美文化等诸多方面，尽可能系统地勾勒出百年青岛的历史文化样貌。在内容安排上，本书对历史照片资料按信息属性划分类型，属于"纯信息性"的，以提供最基本的信息资料为主，为阅读者进行历史分析判断提供更多空间；属于"纪念性"的，则提出作者的学术观点，以帮助阅读者"确信"某一特定历史事实。这种处理极大提高了本书的便利性和拓展性。当然，那些带有浓郁地域和人文特色的资料照片，让这部"编辑"后的"青岛百年史"更容易为今人所理解，从而在读者与最直接、最真实的历史资料之间架起了沟通的桥梁。

欣闻阎立津先生的《青岛图像志》（卷二）正在按编写计划顺利推进，而与此配套的"青岛德国建筑旧影展"也在紧锣密鼓地筹备中。这让我们充满了新的期待。

上海大学文学院教授
国际博物馆协会副主席　安来顺
中国博物馆协会副理事长

2020 年 3 月 7 日于北京

目录

第一章　历史溯源

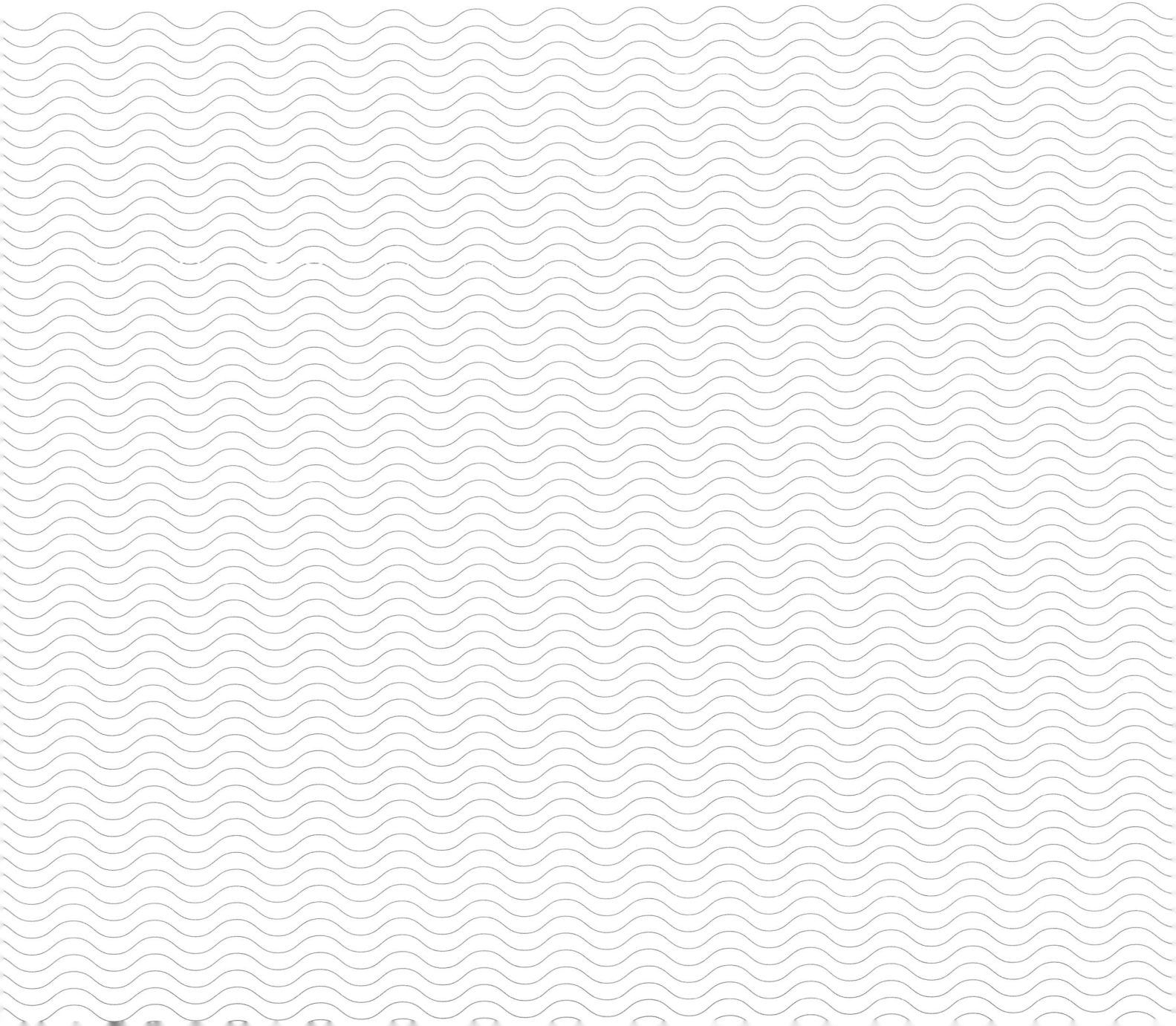

青岛位于山东半岛胶州湾畔，是一座美丽的现代化海滨城市，也是中华文明的发祥地之一。但"青岛"作为市名，仅有百余年的时间。

究其历史，早在新石器时代，东夷先民就在青岛地区繁衍生息，胶州三里河文化遗址是"首次被认识的一处具有滨海特点的大汶口文化遗址"。夏、商、周时期，青岛地区属莱夷之地。春秋战国时期，青岛地区为齐国属地。秦朝在城阳设置不其县。西汉在青岛地区设胶东国，汉武帝刘彻曾被封为胶东王。三国时期，青岛地区是魏国青州的辖地。南北朝时期，青岛地区隶属关系多变。隋朝时期，青岛地区曾分属东莱、高密两郡。唐朝在胶州设立板桥镇，青岛地区属河南道管辖。宋朝在板桥镇设置密州市舶司。元朝时期，胶莱运河通航，胶州塔埠头成为漕粮的转运港。明朝时期，青岛村被辟为商贸口岸，称"青岛口"。清朝时期，胶州湾东岸成为当时重要的商贸口岸。青岛市区开埠前为即墨县仁化乡的一部分，今天的青岛中心城市就是在此地上扩展起来的。

青岛是因港而兴的城市，从发展脉络看，先有宋代北方最大的港口板桥镇、木帆船时代的浅水港（金家口、沧口、沙子口、登窑口、金口、塔埠头等），后有铁甲船时代的深水港（青岛口），再后是万吨巨轮时代的超级军港、商港（大港、小港、前湾港等）。胶济铁路建成后，青岛从矿山城市转向轻纺工业城市和金融服务城市。这是近代工业革命进程带来的必然结果，也是有海权的国家和地区的发展路径。

关于地名，明代许铤①的《地方事宜议·海防》载："本县东南滨海，即中国东界，望之了无津涯，惟岛屿罗峙其间。岛之可人居者，曰青，曰福，曰管，曰白马、香花，曰田横、颜武……"其中，"青"系田横岛群的"青岛"，即现"三平岛"。而当时前海的"青岛"，系现在的"小青岛"。

该地域的人喜欢以岛名村，如阴岛、鲍岛、田横岛、薛家岛等，既是岛

① 许铤（生卒年不详），号静峰，明代武清人（今属天津市），进士出身。1578 年（明万历六年），许铤独身赴任即墨知县。在《地方事宜议》一文中，他针对即墨的实际情况，从海防、御患、弭盗、垦荒、通商等五个方面陈述了自己的施政方案并逐步付诸实施。同时他主张开放通商海口，发展贸易，活跃地方经济。许铤任即墨知县五年，政绩斐然，升任兵部主事。

名，也是村名。青岛湾北面岸边的一个小村庄便名为"青岛村"。1891 年，清廷决定在胶澳设防。1892 年，登州镇总兵章高元率部移驻胶澳，在青岛村建总兵衙门。清朝末年，该地已发展成为一个繁华的军事小镇。1897 年 11 月，德国人强占胶澳。1899 年 10 月 12 日，德皇威廉二世令将在租借地内新建的市区命名为"青岛"。后来，有德国汉学家在将德文地图"Tsingtau"重新译成汉语时，循音译为"琴头澳"，可能是"琴岛"一词的来历。

1922 年，中国政府收回青岛主权，将行政管理机构定名为"胶澳商埠"。1929 年 4 月，南京国民政府接管胶澳商埠后，设青岛为特别市，次年改称"青岛市"。至此，青岛这座城市才实至名归。

第一节　地理名称

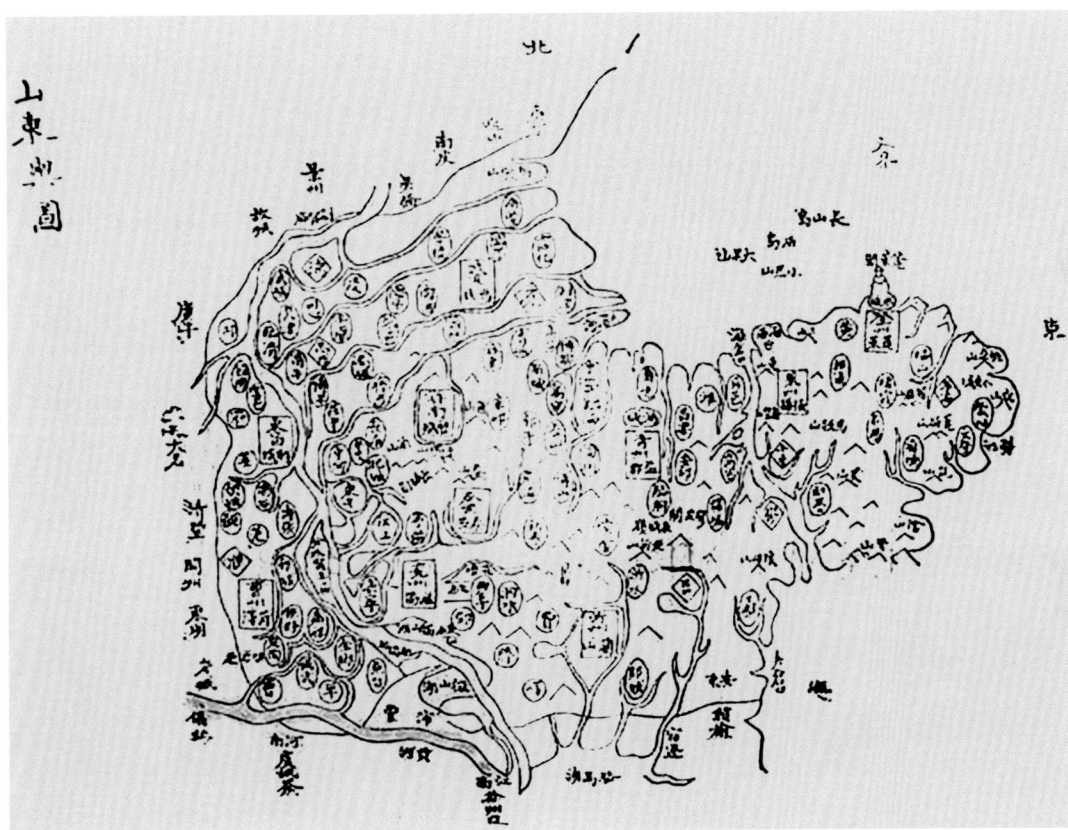

清朝时期的山东舆图。清朝后期，青岛从渔村向城镇演变，经过一百多年的时间，逐渐发展成一个现代化城市。

一、胶州湾

胶州湾为青岛市的内湾，古称"少海""幼海""胶澳"等，位于山东半岛西南部，有胶莱河、大沽河等注入。胶州湾口窄内宽，为伸入内陆的半封闭性海湾，拥有天然深水航道，无泥沙淤积，是全国少有的优良海湾。青岛港位于湾口东南部，是黄海沿岸的水运枢纽，也是山东省及中原部分地区重要的海上通道之一。

胶州湾海上的渔船

二、胶州

胶州市现为山东省辖县级市，由青岛市代管，位于山东半岛西南部，胶州湾西北岸。青岛开埠之前，胶州一度为胶州湾地区最大的对外通商口岸。

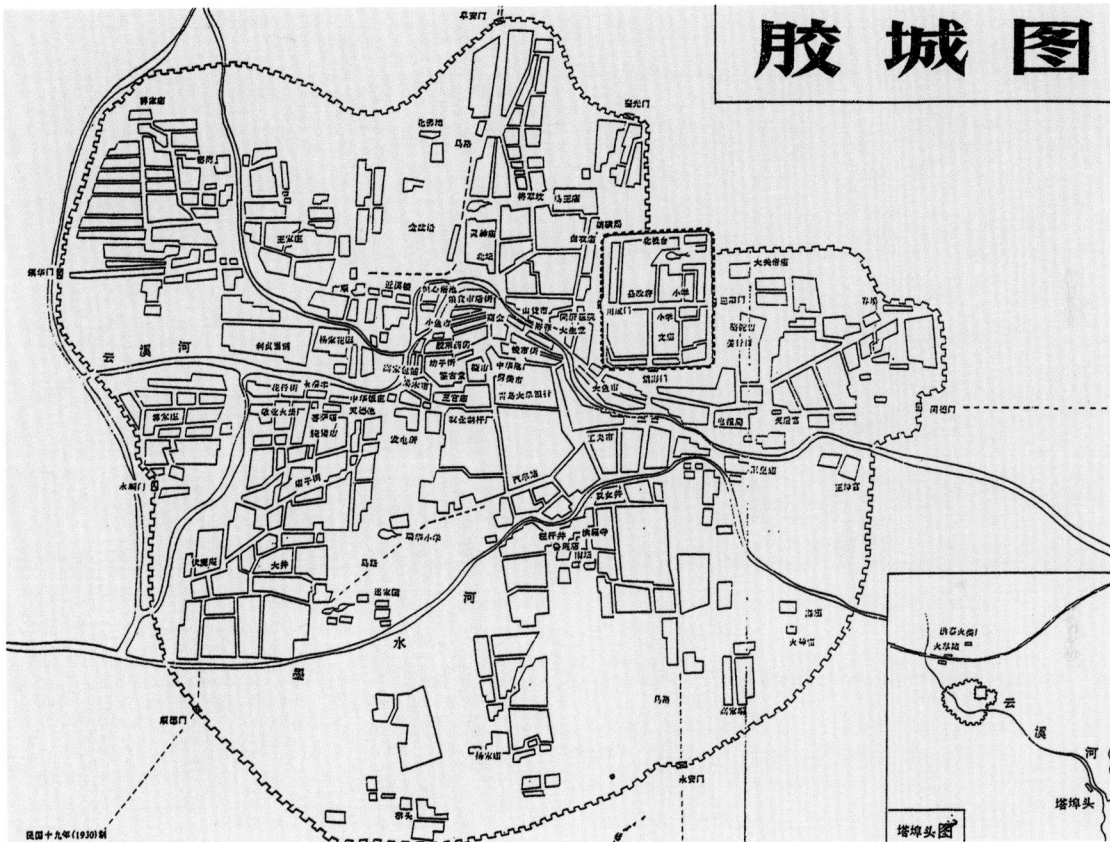

胶城图（1930）

清乾隆版《胶州志》中的胶州舆图

三、即墨

即墨现为青岛市辖区，位于山东半岛西南部，东临黄海，与日本、韩国隔海相望，南依崂山，近靠青岛市区。

"即墨"，当地人读为"jimi"，为"jimei"之音转。

"即墨"之名称，最早出现在《战国策》《国语》《史记》等历史典籍中，因故城临墨水（今平度市大朱毛村处）而得名。夏、商、西周时，即墨属莱夷地；春秋战国时，属齐国；秦设即墨县，属胶东郡；现在县治所在系隋朝所设。

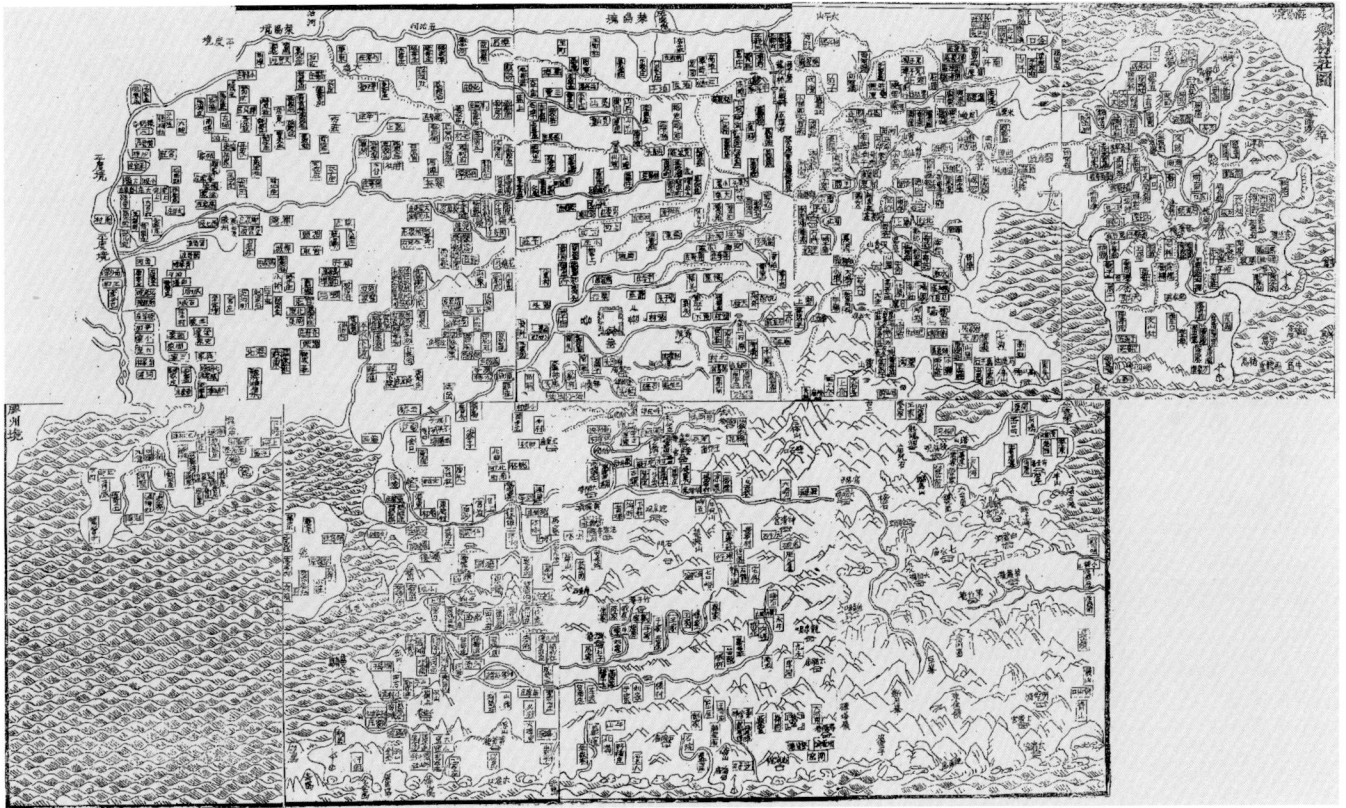

清朝《即墨县志》中的即墨县地图

第二节　山川庙宇

　　远古的青岛地区是中华文明的发祥地之一。早在五六千年前，东夷先民就已在这片土地上繁衍生息。这里的人们通过辛勤的劳动，在不同的历史时期，创造了丰富灿烂的古代文化。

清朝《即墨县志》中的崂山图

崂山，古代又称"牢山""劳山""鳌山"等，有"海上名山第一"之称。
《齐记》载："泰山虽云高，不如东海崂。"

连绵起伏的崂山山脉

上　崂山岩石风景（德国历史博物馆提供）

中　20世纪初，崂山山峰上残留着远古时代海底生物贝壳化石。（德国
　　历史博物馆提供）

下　秀峰奇石和隐现的建筑（德国历史博物馆提供）

山林中坐在石头上的人（德国历史博物馆提供）

上　崂山溪谷

中　海边

下　山野

上　崂山湾的登陆点之一

下　巨峰（崂山最高峰，"日出海上"观景点）

上 崂顶（巨峰别名）

下左 中巨峰的七星楼

下右 形如窈窕淑女的美人峰

左 崂山北九水山峰

右 崂山靛缸湾，又名"潮音瀑"。

上　北九水风景（德国历史博物馆提供）

下　崂山中山谷一角

上　北九水神清宫

下　北九水附近的河谷（德国历史博物馆提供）

上　崂山南九水的风光

下　山中的溪流

上　崂山蔚竹庵（德国历史博物馆提供）

下　丛林里的蔚竹庵（从崂山白沙河上游远眺）

上　竹林（德国历史博物馆提供）

下　坐在北九水庙前竹林的教书先生（德国历史博物馆提供）

上　原生态的森林和山脉（德国历史博物馆提供）

下　崂山九水的山谷（德国历史博物馆提供）

上　九水风景（德国历史博物馆提供）

下　乡间道路（德国历史博物馆提供）

上　山中的道路（德国历史博物馆提供）

下　山脉中的河床（德国历史博物馆提供）

上左 狮子峰（位于太平宫东北，状如狮吼）

上右 华楼宫

中 王乔崮

下 云门峰，从砖塔岭上去后往东走，可见此景。

上 梳洗楼（华楼峰，传为八仙过海停留处，又名"聚仙台"）

下 北九水庙附近的亭子

上　华楼翠屏岩

下　太平宫。北宋年间，全真道华山派刘若拙奉诏入宫，被宋太祖赵匡
　　胤封为"华盖真人"，于崂山修盖道场，名为"太平兴国院"，金
　　代更名为"太平宫"。

上 蓝家庄的树林（德国历史博物馆提供）

中 蓝家庄石人像

下 华严寺。明崇祯年间，即墨人黄宗昌捐造"华严庵"，亦称"华严禅院"，
后毁于兵火。清朝时，慈沾禅师在今址重建。民国年间更名为"华
严寺"，是崂山中现存的唯一佛寺。

华严寺藏经阁

上左　华严寺大殿

上右　华严寺内景

下　华严寺内景

上 山里的村庄

中 青山村海边

下 峭壁耸立的崂山头（德国历史博物馆提供）

崂山头（德国历史博物馆提供）

太清宫位于崂山东南端，始建于公元前140年。整个建筑群以三官殿、三清殿、三皇殿为主殿，关岳祠等为其附属设施。据传，清代著名作家蒲松龄曾居住于此，《聊斋志异》中的有些故事，如《香玉》《崂山道士》为就地取材。

太清宫道士

上 太清宫内院

下 传说中太清宫内的秦始皇登临处

上 太清宫外的竹林

下 宁静的海湾

耿义兰墓旁的少女。耿义兰（1509—1606），明高密（今山东省高密市）人，嘉靖年间进士，后出家拜太清宫道士高礼岩为师。因在庙址之争中护教有功，被敕封为"扶教真人"。

上　上清宫的古银杏树

下　上清宫二道门外景

白云洞建于唐天宝二年（743），因常年白云缭绕而得名。图中"白云洞"
三个字系清末翰林尹琅若（字琳基）所题。蒲松龄游览此洞后写诗赞誉：
"古洞深藏碧山头，羽士一去白云留。愿叩柴扉访逸老，不登朱门拜公侯。
砚水荡净海底垢，笔尖点消九天愁。不求人间争富贵，但做沧桑一嘹鸥。"

白云洞外景

上 别样视角下的白云洞

下左 白云洞周边景色（云志艺术馆提供）

下右 位于白云洞西的观音岩

上　山中放置物品的房子（德国历史博物馆提供）

下　崂山古树

进山的道路（德国历史博物馆提供）

上　崂山白沙河附近的华阴牌坊

下　崂山华阴的北杨家村石塔

玉清宫又名"汉河庵""旱河庵"，在汉（旱）河村东，始建年代不详，明正德年间重修。

上　女姑山因山顶的女姑庵而得名，汉武帝曾在山上建"明堂"。

下　女姑庵（女姑庙）

上　即墨七级双砖塔（始建于 1866 年）

下　即墨城隍庙正殿

上 即墨马山有两峰对峙，因形如马鞍而得名"马鞍山"，简称"马山"。图为马山中的羊群。

下 即墨马山上有白云庵。万历末年，奉明神宗之诏，马山东麓山东村人刘贞洁（刘仙姑）入京师讲道。据《马山志》记载，仙姑九岁才开始学说话，十五岁那年六月二十八日，忽然面壁端坐，似停止呼吸。醒来后出口成章，惊动朝野。崇祯年间，刘贞洁回白云庵授徒讲道。后人为纪念她，自发地将六月二十八日这天作为庙会日，迄今已有300余年。

马山白云庵内供奉的神像

上　即墨淮涉寺（塔院寺）

下　即墨文庙始建于元代，后毁于战火。2015 年复建，2016 年竣工。

上左 胶州文庙又称"孔庙""夫子庙""至圣庙""先师庙""先圣庙""文宣王庙"等，始建于金代，是纪念我国伟大思想家、教育家孔子的礼仪性建筑，也是儒家文化的象征。胶州文庙规模很大，后毁于战火，现为胶州市机关幼儿园。

上右 胶州文庙大成殿

下 胶州天后宫牌楼

上　胶州城隍庙戏楼

下　胶州汉建信侯娄敬故里碑

上　胶州介亭遗址

下　坐落于山腰处的灵山卫村庄内的小庙宇（德国历史博物馆提供）

上 竹岔岛上的石头土地庙（德国历史博物馆提供）

下 竹岔岛海边的礁石（德国历史博物馆提供）

站在礁石上的孩子（德国历史博物馆提供）

灵山位于即墨城北，原名"零山"，又名"灵芝山"，因其形而得名，后因山上的灵山庙香火盛而名为"灵山"，素以"钟灵毓秀、人杰地灵、仙山圣母"闻名遐迩。据《元君碑记》载，元君于四月十五日登山顶，坐化于大石之上，得仙为"青霄元君"。后人遂立祠祀之，并以四月十五日为灵山庙会日。

李村王氏家族墓地上的石马（德国历史博物馆提供）

上 海云庵又名"大士庵"，始建于明朝。清同治版《即墨县志》记载，
"海云庵在县西南九十里"。

下 小鲍岛及周边景象

湛山村的二郎庙（德国历史博物馆提供）

青岛太平山风蚀的花岗岩（德国历史博物馆提供）

石老人——屹立在海中的海蚀石

早期的小青岛

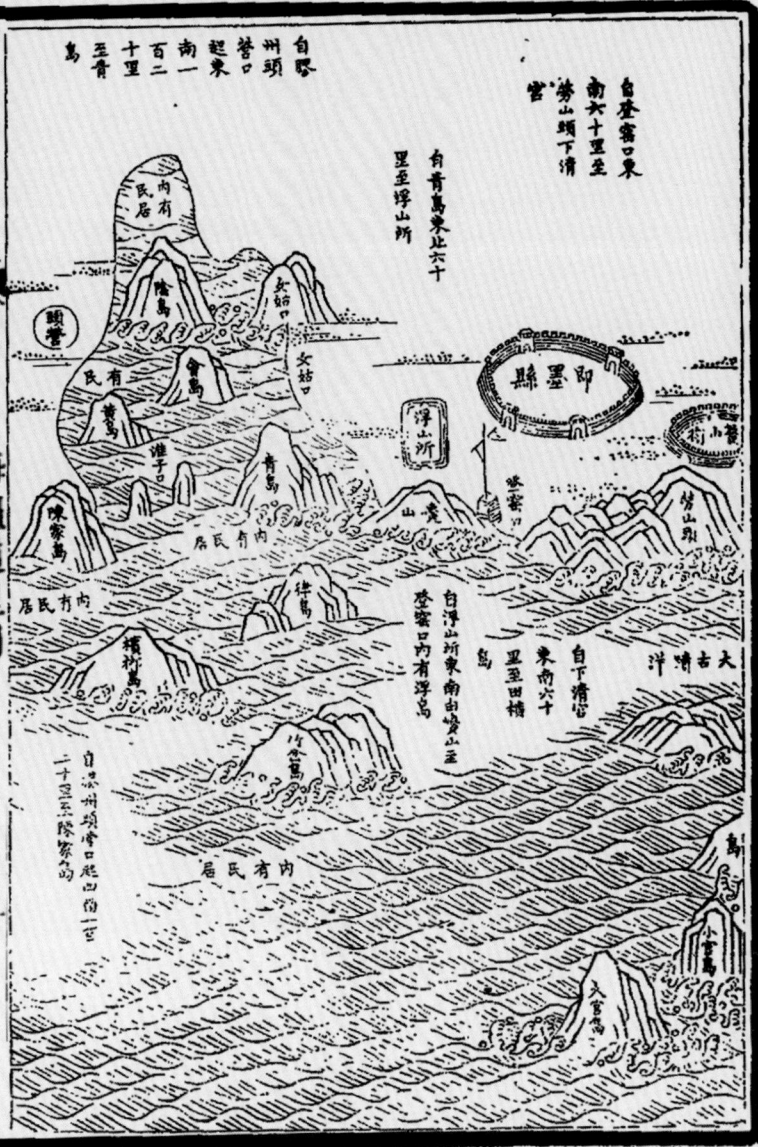

道光年间重修《胶州志》的海疆道里图，称现"小青岛"为"青岛"。

上青岛村（德国历史博物馆提供）

上 天后宫，始建于明成化三年（1467）。天后宫供奉的妈祖，又称为"海神娘娘"，是保佑渔民平安的女性海神。从宋朝到清朝，皇帝不断地给予敕封。至元十八年（1281），元世祖以庇护漕运封"护国明著天妃"后，明朝各地多称为天妃宫。清康熙二十三年（1684），清圣祖封"护国庇民妙灵昭应仁慈天后"，随后尊称天后宫，一直延续至今。

下 天后宫。清末民初商人胡存约的《海云堂随记》载，年除日和初五、正月十五、三月十五，口上商家循例至天后宫上香称"耍春"。民众燃放鞭炮谓"满堂红"，饺子煮熟盛于盆中称"聚宝盆"，店铺门首悬红挂彩意"红财盈门"。其时，青岛口、仓（沧）口、女姑口及阴岛共有渔船近 400 艘。农历三月，天后宫庙会期间，"海航各船云集口内，许愿奉戏，尝延至四月或端午"。天后宫戏楼及其附近成为青岛口周边民众的文化娱乐活动中心。

天后宫正面

上　天后宫二道门

下　天后宫戏楼

天后宫匾牌

上　天后宫内的"海不扬波"匾牌

下　天后宫内景

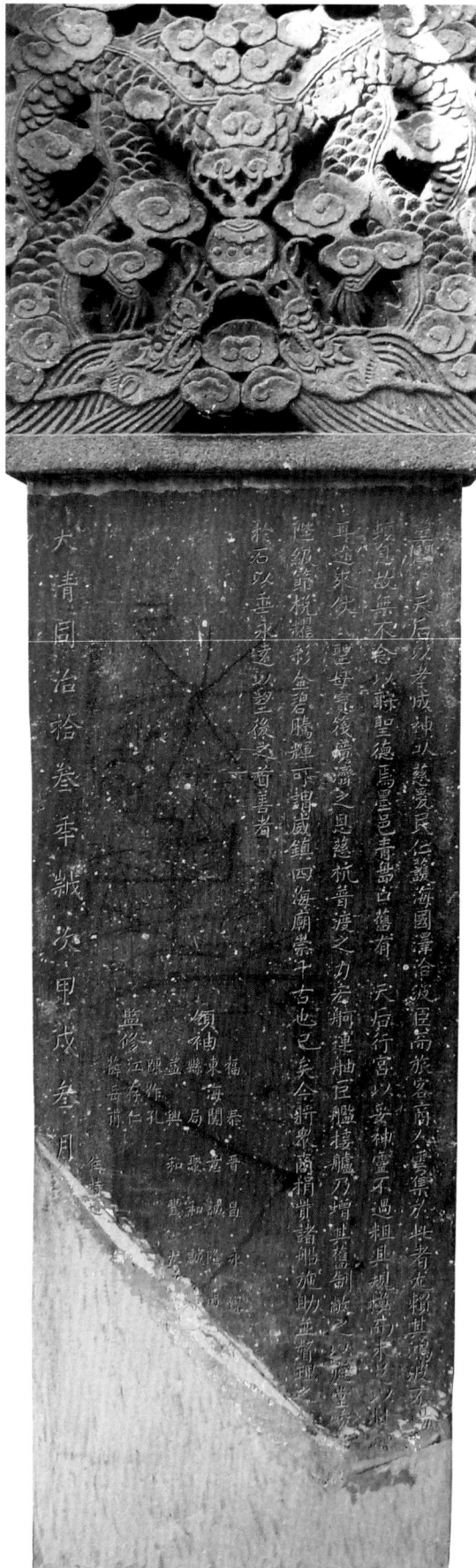

同治十三年（1874）重修
天后宫碑

蓋聞

天后以孝成神以慈愛民仁護海國澤洽波臣而旅客商人雲集於此者充賴其鯨波不

頓息故無不念以酬聖德焉墨邑青嶼口舊有

天后行宫以安神靈不過粗具規模而未足以期

耳迩來仗

聖母寶筏後廣濟之恩慈杭普渡之力宏舸連舳巨艦接艫乃增其舊制敞之以庭堂煥

陛級節梲耀彩金碧騰輝可謂威鎮四海廟崇千古也已矣今將眾商捐貲諸船施助益督理之

於石以垂永遠以望後之首善者一

領袖　福泰晉昌永豫
東海關局　意誠和豐　誠隆成
益興聚和　太

監修江存仁
陳作孔
薛岳甫　住持

大清同治拾叁年歲次甲戌叁月

同治十三年（1874）
重修天后宫碑文

上 在天后宫求得的铜镜之正面

下 铜镜背面铸有"神光普照，水路平安"，后人又刻上"天后娘娘圣灵"字样。

天后宫内出土的雕像

第三节　文脉胜迹

　　青岛地区胶州三里河遗址出土的大汶口文化、龙山文化遗物，证明距今6500年至4500年前，人们就已经在这里生活。此后，随着中国历史朝代的更迭、文脉的传承，这片土地上的人们也不断地繁衍生息。

胶州三里河遗址出土的黑陶罐

上　胶州三里河遗址出土的黑陶高柄杯，又称"蛋壳陶"。

下　胶州三里河遗址出土的黑陶单耳壶

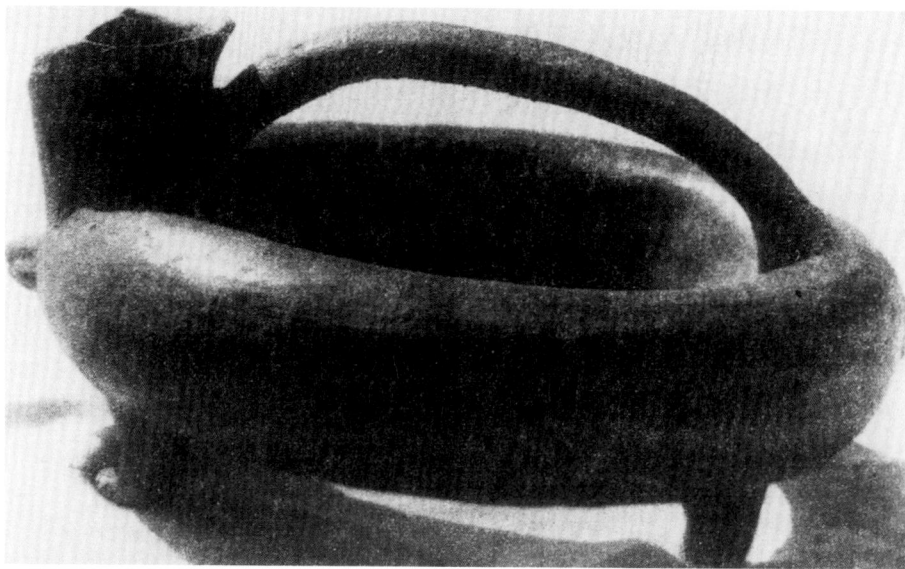

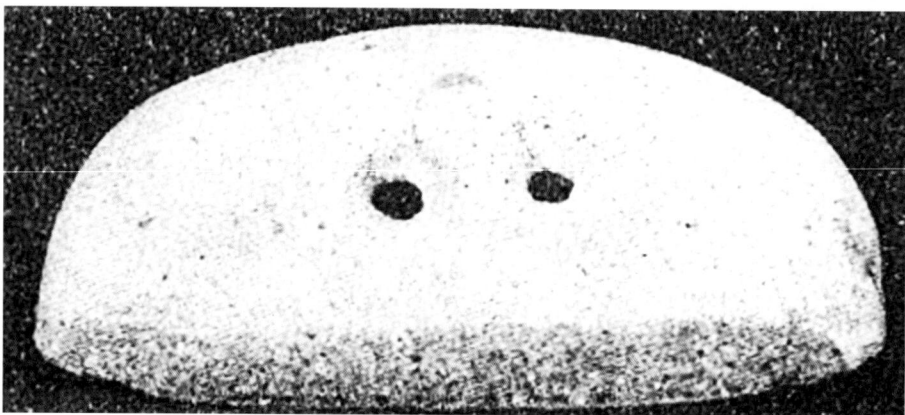

上 胶州三里河遗址出土的玄武鬶，为褐色陶器，是大汶口文化和龙山
文化的代表器形之一。一般鬶都是三个空心足，而玄武鬶有四个足，
造型完美，堪称文物珍品。

下 双孔石刀。岳石文化是继山东龙山文化之后分布于海岱地区的一支
考古学文化，因最早发现于山东省平度市东岳石村而得名。平度东
岳石文化遗址出土了双孔石刀、石斧等石器。

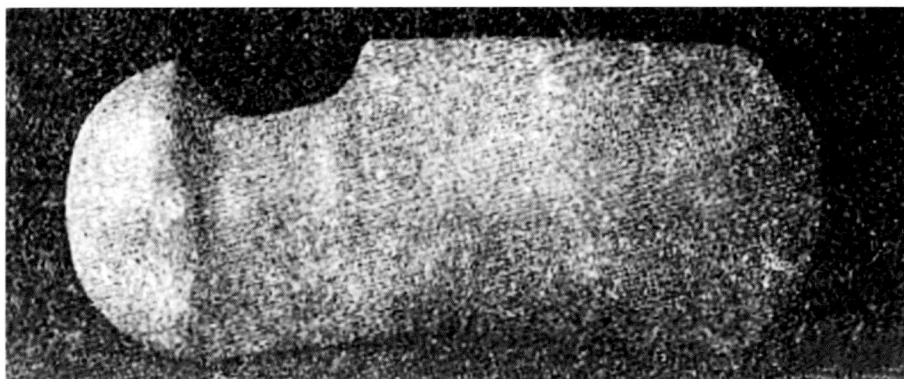

上　岳石文化石斧

下　灵山岛出土的商周时期的铜鼎

上 清咸丰年间在胶州灵山卫古城出土的齐国三量，是现存最早的古代
量器。图为齐国三量之一的"左关和"。

下 图为齐国三量之一的"陈纯釜"，上有铭文34字。

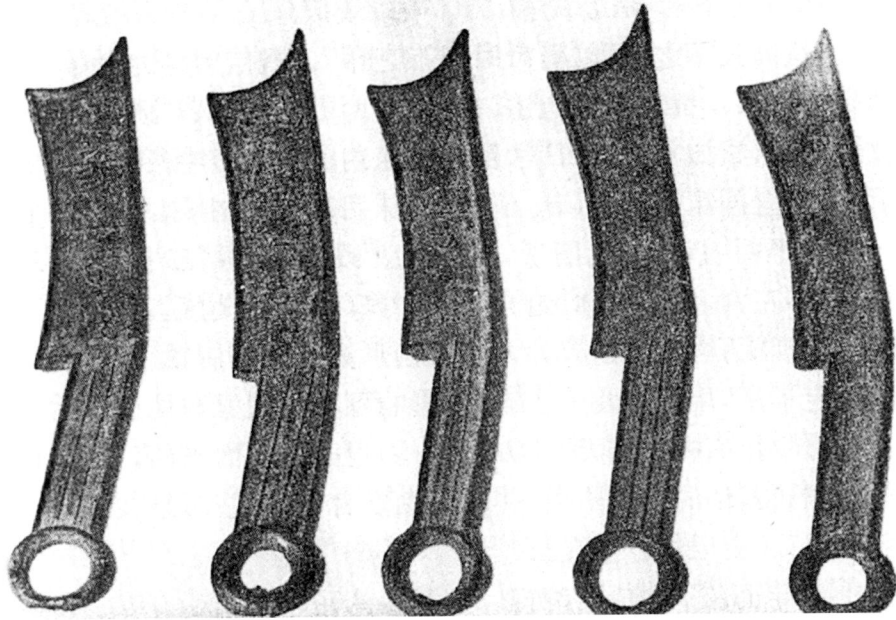

上　齐国的重要城邑即墨铸造的"节墨法化"刀币

下　战国铁钁（镢），出土于崂山夏庄街道李家宅头。

公元前 485 年，齐国大夫鲍氏谋杀了齐悼公，改立公子壬为君，号齐简公。吴王夫差为称霸北方，以讨伐为名，率陆军借道鲁国北伐，会鲁、邾、郯之君进攻齐国的南部地区，并派大夫徐承统领水师奔往齐国的南鄙（今青岛琅琊一带），水陆夹击，想一举战胜齐国。吴舟师与齐水师会战于琅琊海面。齐军同仇敌忾，在战斗中使用新武器"钩拒"钩住吴船并乘机砍杀，致使吴师大败，夫差率军狼狈而还。此后，齐国逐渐成为赫赫有名的水师大国。齐吴琅琊海战是我国历史上有记载的最早的海战。图为清朝画家王和沛所绘《琅玡台图》。

上左 秦始皇曾三巡琅琊台。图为我国最早的刻石之一——琅琊刻石，传为李斯所书。

上右 百福庵。据王献堂先生考证，原始社会末期，不其山周围住着"不族""其族"两个部落，山遂以此得名，历史古城"不其"也因临近此山而名。百福庵位于不其山（即铁骑山）山腰处。

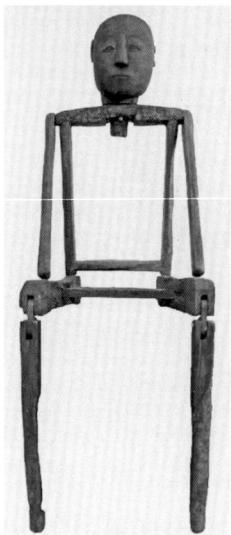

上左 庸谭，西汉胶东国（辖域含今山东省胶州市）人，著有《古文尚书》《齐论语》，对《孟子》的复生贡献颇大。庸谭也因此被后人尊称为"汉庸生"。图为胶州庸生祠里的墓碑。

上右 位于胶州庸生故里的庸生祠

下左 莱西汉墓出土的大木偶，高达 1.93 米，是世界上发现最早、最大的木偶。莱西木偶戏从汉代流传至今。（莱西博物馆收藏）

下右 青岛地区出土的汉代羊首画像石

佛國記

宋釋法顯撰　明胡震亨毛晉同訂

法顯昔在長安慨律藏殘缺於是以弘始二
年歲在己亥與慧景道整慧應慧嵬等同契至
天竺尋求戒律初發跡長安度隴至乾歸國夏
坐夏坐訖前行至褥檀國度養樓山至張掖鎮
張掖大亂道路不通張掖王慇勤遂留爲作檀
越於是與智嚴慧簡僧紹寶雲僧景等相遇欣
於同志便共夏坐夏坐訖復進到燉煌有塞東

上 东晋僧人法显从长安（今西安）出发，西行求法，此行比唐玄奘取
经早两百多年，历时十四年，遍及三十余国，于狮子国（今斯里兰卡）
循海路回国，在青州长广郡牢山（今青岛崂山）登岸。

下 法显记录中国与印度、巴基斯坦等国友好交往的历史著作《佛国记》。

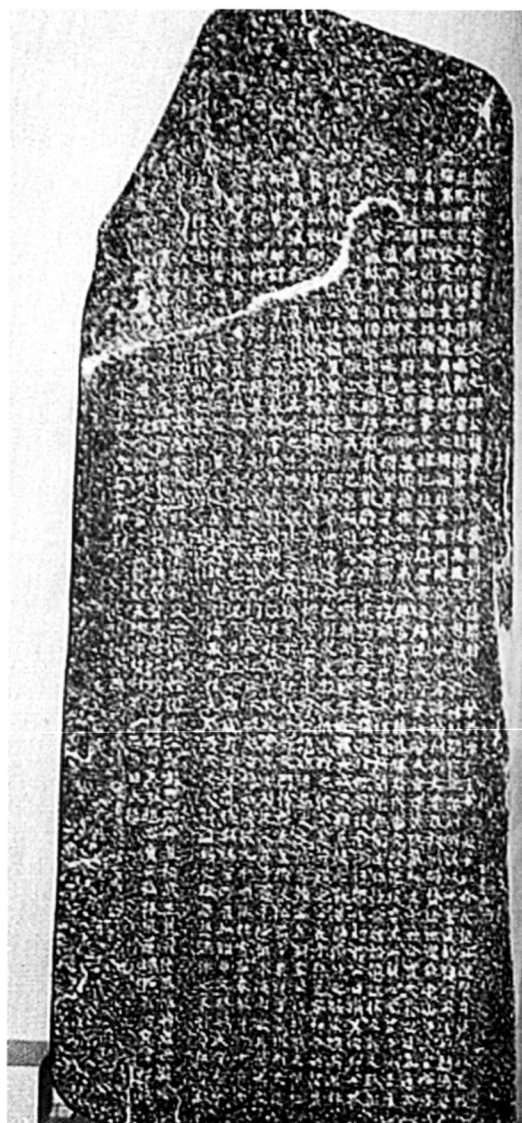

左 我国稀有的书法刻石艺术瑰宝——天柱山魏碑，又称"天柱山摩崖石刻"。该碑是北魏永平四年（511），光州刺史郑道昭所书镌，碑文记述了其父持节将军兖州刺史南阳公郑羲的生平事迹和著述。

右 天柱山魏碑拓片

上　从唐代开始，密州板桥镇的海运、贸易等就有一定程度的发展，与海外的贸易往来也比较频繁。到了宋代，板桥镇成了中国最重要的商埠之一。

下　宋朝即墨县官印，出土于即墨。

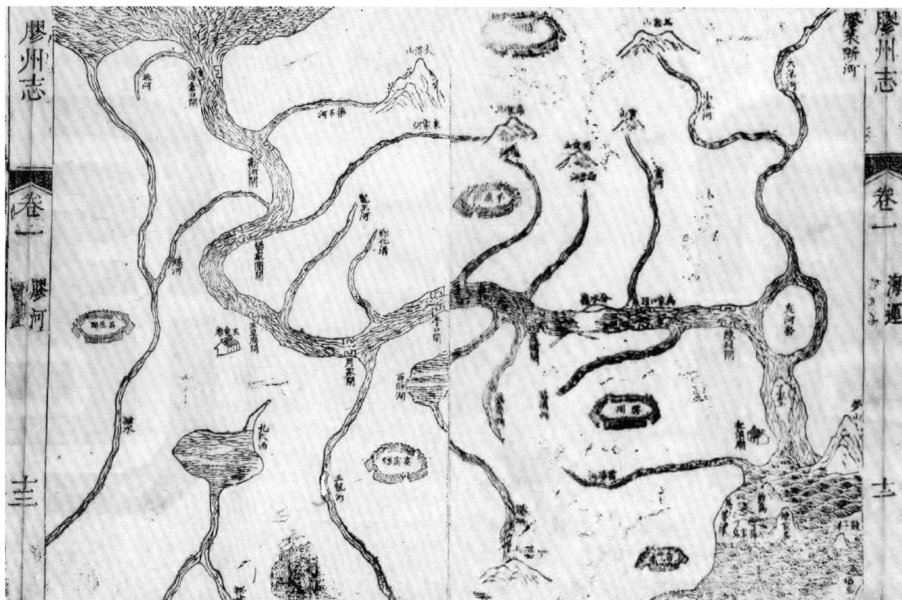

上 官印释文——即墨县官印

下 元代统治者为扩大海运，避开山东半岛成山头的"中国好望角"险路，
开凿胶莱运河，使胶州成为南粮北运的重要中转港之一。图为乾隆
十七年（1752）的胶莱运河图。

上　开凿于元代的胶莱运河

下　大沽河与胶莱运河合流处

建于 1467 年的天后宫

清乾隆九年歲次甲子十三世澤源重修

重訂族譜序

譜之所關甚重宗族敦睦恆於斯尊卑愛敬恆於斯非徒明支派紀世次
已也吾家世即墨不知於何代相傳爲漢諫議子陽苗裔瑯邪嫡派而
譜牒既燬無由遠稽第思自一世祖諱守信迄今五百餘年僅存二世之
長支五支其間孫犯祖諱姪同叔字若不知有一本之親而直視如途人
者非緣無譜故耶無譜則宗系無所統無統則情義不相篤厥後族數漸
蕃各處散布名號且多不知安望長幼尊卑秩如也今有族姪士炫士燦
以譜事相商余誠欣然細閱兩支支譜及族叔諱澤源合叙譜爰詢族衆
復具成幅使遠近行列伯仲叔季無不昭然可稽凡我族人覽斯譜牒庶
知一世百世一脉相傳千丁萬丁一體所分不惟流清而源遠而箕裘相
紹先人之遺意且賴以不墜云

三氏族譜　卷一　序

【族譜世系圖】

五世	六世	七世	八世	九世
振 字仲鳴 例馳贈 郎明於法律 喜地理 午科舉人 署山西忻州學正 壽六十二 歲配陳氏 坊飛黃 東閭南北衙 事年四十六歲卒 女也子一	佐 字斯之副榜 成化丙午科舉人 署山西忻州學正黃	鎬 字京夫歲貢 任順天府鄭縣訓導 陞山西授直隸鹽山縣縣承 所著有鄭志 臨志配 極切時弊	邦直 字子魚 號東溪 一元 由歲進士 一蘷	
	銳 失傳	銓 失傳		
		錦 失傳		

於官年四十六歲卒
氏英焯爾
東龐有碑
子四

【王邦直傳（墓誌）】

藍公所撰墓誌子一
詳具北泉里杜門樂道樓應鏡銘山房寒暑不輟有三十餘年所著有律呂正聲行世載明史藝文誌生於正德八年四月十八日辰時終於萬曆二十八年二月十二……
唐河南崖忌掛冠歸……小莊四

上　王邦直（1513—1600），字子鱼，号东溪，即墨人，明朝音律学家、藏书家，嘉靖年间以岁贡出任盐山县（今属河北省）县丞。他为官耿直廉洁，任职期间，曾变卖祖产以补充开销。后上疏嘉靖皇帝，陈述自己的政见，针砭时弊。他的见解受到皇帝赞许，但也因此而遭受嫉妒。被罢官后，返回故里，编成《律吕正声》60卷。图为王邦直的"王氏族谱"。

下　"王氏族谱"中，王邦直排在第八世。

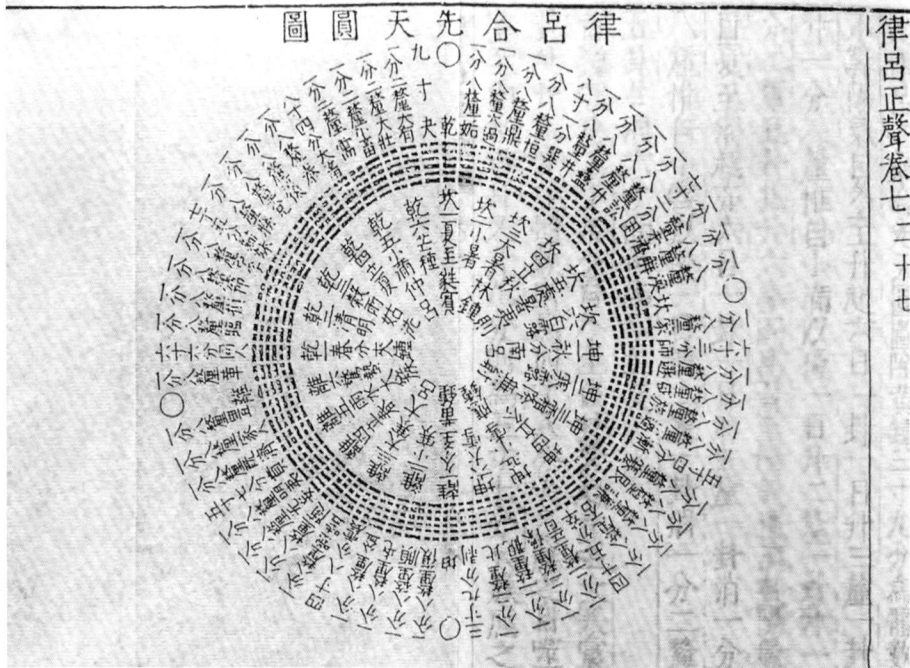

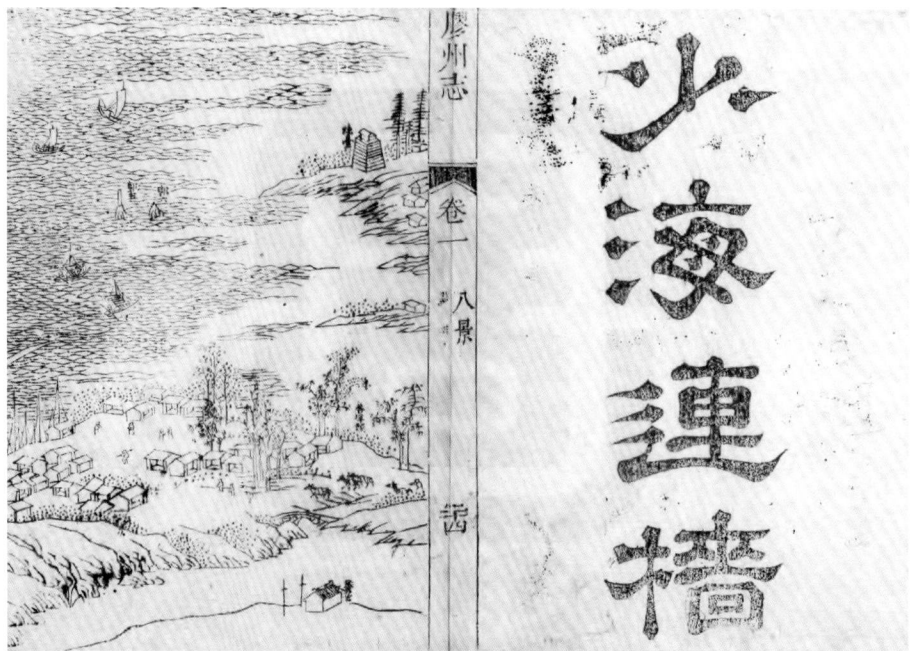

上 王邦直的《律吕正声》被后人收入《四库全书》。王邦直的律学思想体系的提出早于法国世界著名音乐理论家梅森约100年；早于德国音乐家巴赫约150年。图为《律吕正声》插图。

下 清乾隆年间胶州少海的风景图

高凤翰（1683—约1748），字西园，号南村，晚号南阜老人等，山东胶州人，清代画家、书法家、篆刻家。晚年因病风痹，用左手作书画，又号"尚左生"，"扬州八怪"之一。图为高凤翰的《西亭诗思图》。

第四节　军事设施

　　清同治版《即墨县志·武备》记载："明洪武、永乐间，立莱州府三卫
八所七巡检十六寨一百四十七墩堡……"当时有鳌山卫、灵山卫，下设雄崖所、
浮山所等，再下设有各种寨（如小寨子、仙家寨等）、墩（如烟墩山）。

灵山卫城门。为抵御倭寇袭扰，明朝始建灵山卫。（德国历史博物馆提供）

上　灵山卫西门遗址

下　灵山卫炮台

上　古镇口炮台遗址

下　明代烽火台遗址

明洪武年间，为抗击倭寇侵扰，朝廷在今即墨区东四十里处设鳌山卫屯垦戍边，下辖右、前、后三个千户所，其中前所设置在浮山寨，称"浮山备御千户所"，简称"浮山所"。图为浮山所南门城楼南阁庙。

上　前海炮台，始建于明代，清代仍沿用。

下　雄崖所西门遗址

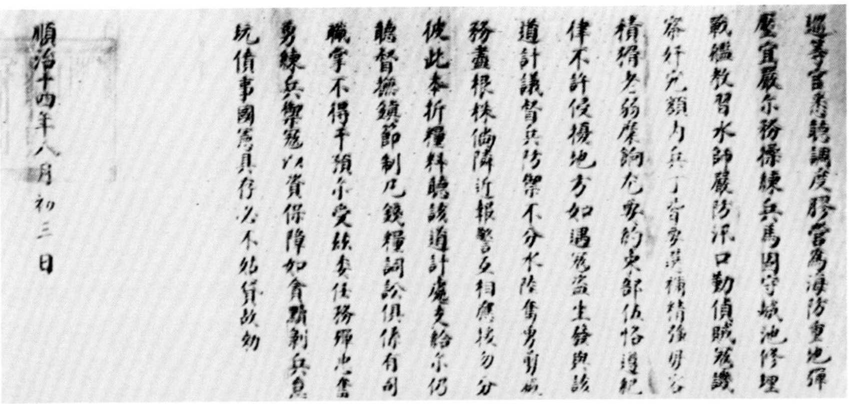

上　清顺治十四年圣旨。当时清朝就以胶州为海防重地，派兵驻守。

中、下　清同治十一年圣旨。这是清朝同治皇帝嘉封山东登州镇胶州营
　　　　把总吴孚贞为"武略骑尉"、加封其妻郝氏为"安人"的圣旨，以
　　　　褒奖吴孚贞为守卫胶州边防做出的贡献。中图为满文，下图为汉文。

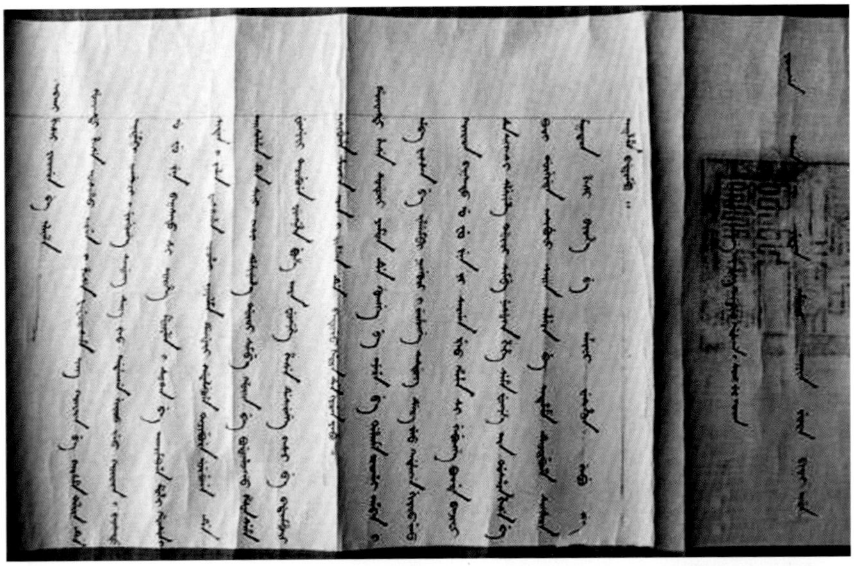

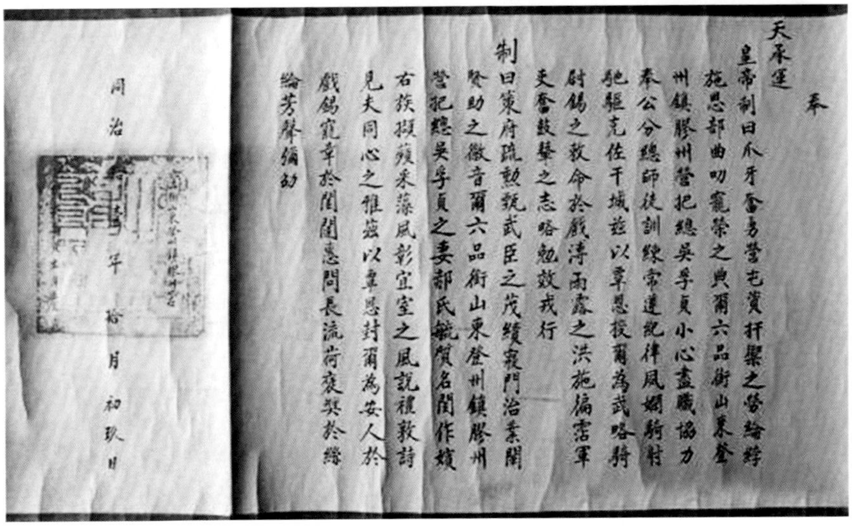

上　胶州府管理军事的官署

下　胶州外城东北角楼，因用于军事防御，后被称为"炮角楼"。

第二章　建置初始

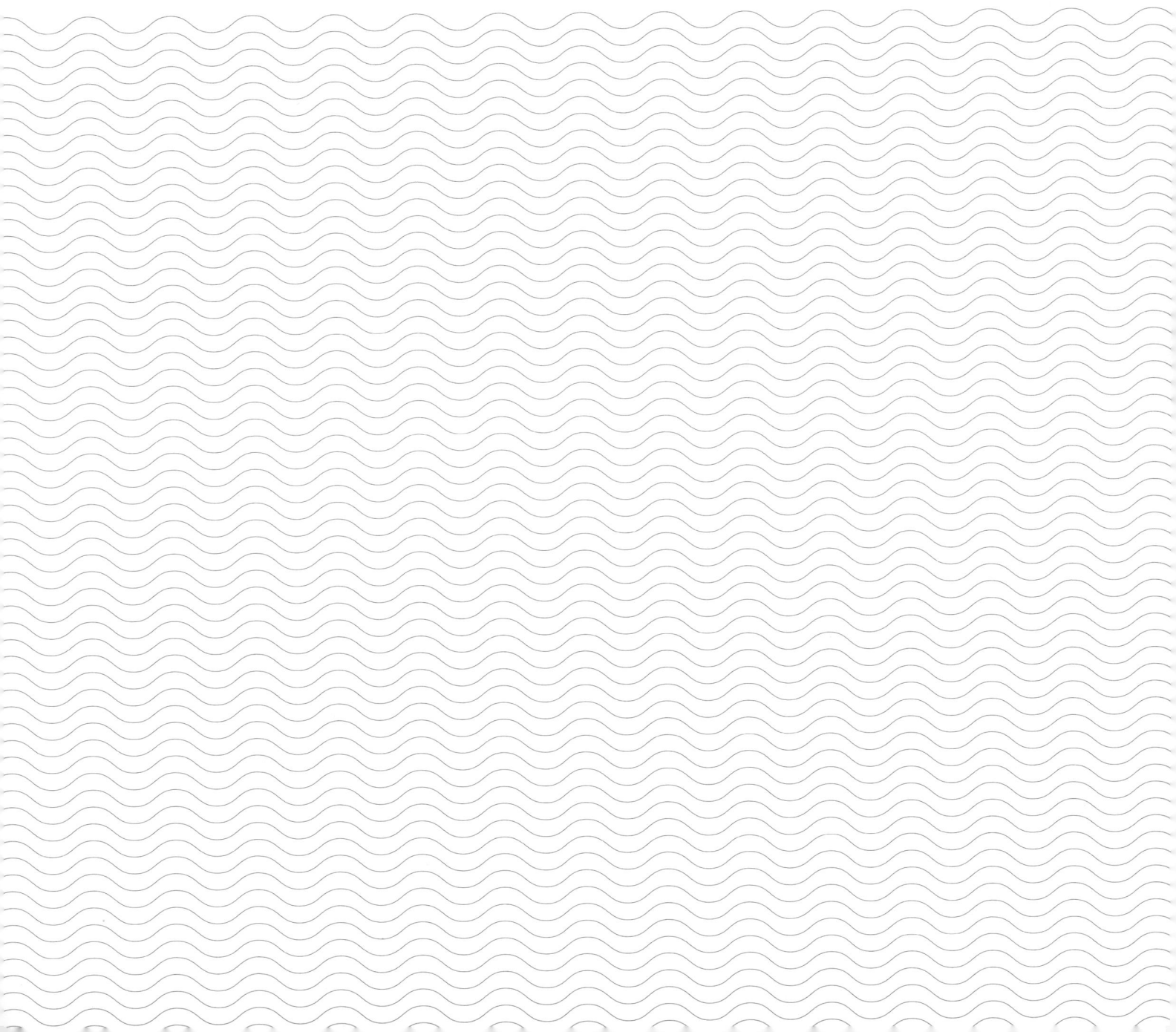

第一节　筹划建置

第二次鸦片战争以后，海防告危，严峻的国际形势迫使清廷决定于1891年6月14日在胶澳设防，青岛地区逐渐成为我国北方的海防重镇。

右　清朝光绪皇帝（爱新觉罗·载湉）

下　光绪十七年（1891）五月初八日内阁奉上谕

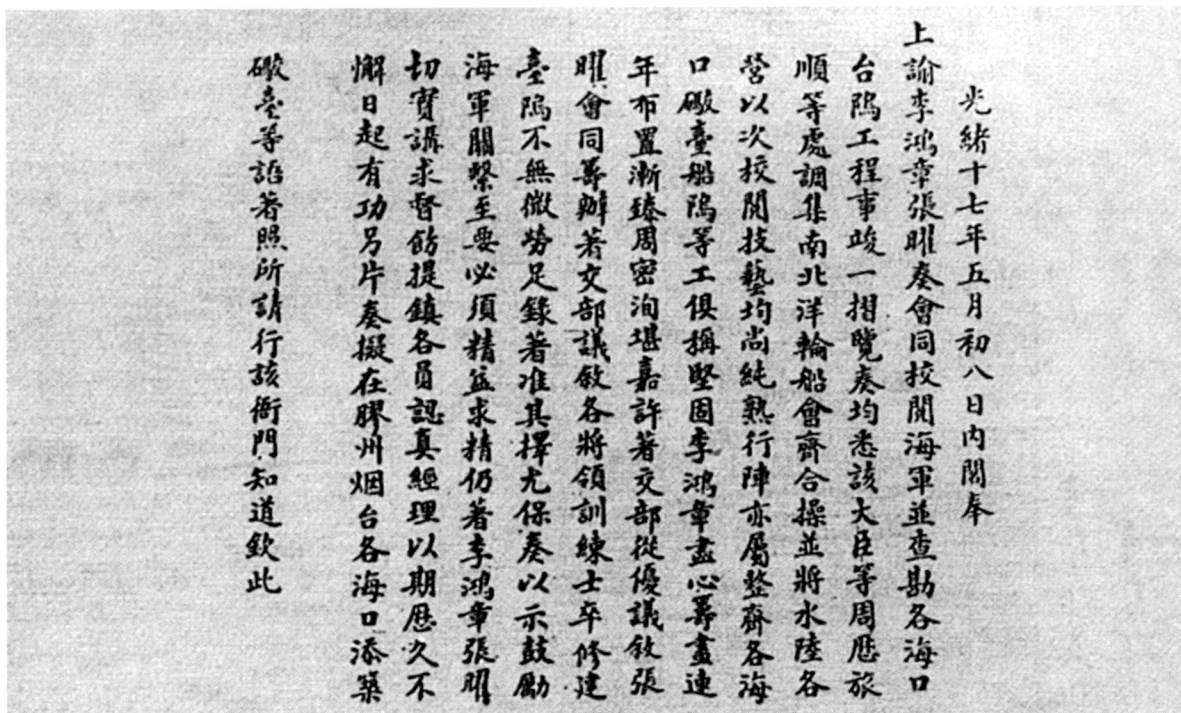

出使大臣许景澄据条陈海军应办事宜四

四月二十日

奏

奏为海军制胜船砲为先谨条陈应办事宜恭摺

仰祈

圣鑒事窃维

朝廷鋭意海军规画闳远足令绝域殊方闻风震

慑凡夫治兵之制筹饷之方自由王大臣及各

疆臣集议兴办臣奉使外洋於造船制砲诸事

苟有见闻不敢安於缄默谨就海军应办事宜

分条胪列敬为我

皇上陈之一大沽海口宜按铁甲破船以固内防也

西国沿海快船而外另有砲船一类其大者亦

能行远小者专以往来浅水扼守口隘英国号

蚊子船徴美等国號以铁甲號曰玛尼託其

船喫水不过十英尺内外船置巨砲或一或二

力能洞击铁甲朝德国以蚊子船无甲易为敌

砲击毁玛尼託其船係从舊式不合近製乃

造成新伯等船改用礮臺水綫带之式故近

造许蚊等船亦仿其製蓋海口阻浅之處敵人

上 许景澄（1845—1900），原名癸身，字竹篔，浙江嘉兴人，同治进士。他是清廷中熟悉洋务的少数外交官之一，建议在胶澳筹建海防的第一人，长期出使法、德、意、荷、奥、俄等国。他在德国发现了地理学家李希霍芬提交给德国政府的一份调查报告，报告中说，胶州湾是天然良埠，适宜筑建现代港口。许景澄意识到，包括德国人在内的西方国家正觊觎山东东部的这个海湾，于是在1886年上书朝廷，建议由南北洋大臣会同查勘胶州湾，有计划地渐次经营，用十年时间将其建设成为一个大规模的海军基地。

下 1886年3月13日，出使德国大臣许景澄上折，提出"山东之胶州湾宜及时相度为海军屯埠也"。原因之一为胶澳地区"且地当南北洋之中，上顾旅顺，下趋江浙，均一二日可达，合以山东一军，扎聚大枝，则敌舰畏我截其后路，必不敢轻犯北洋，尤可为畿疆外蔽"。

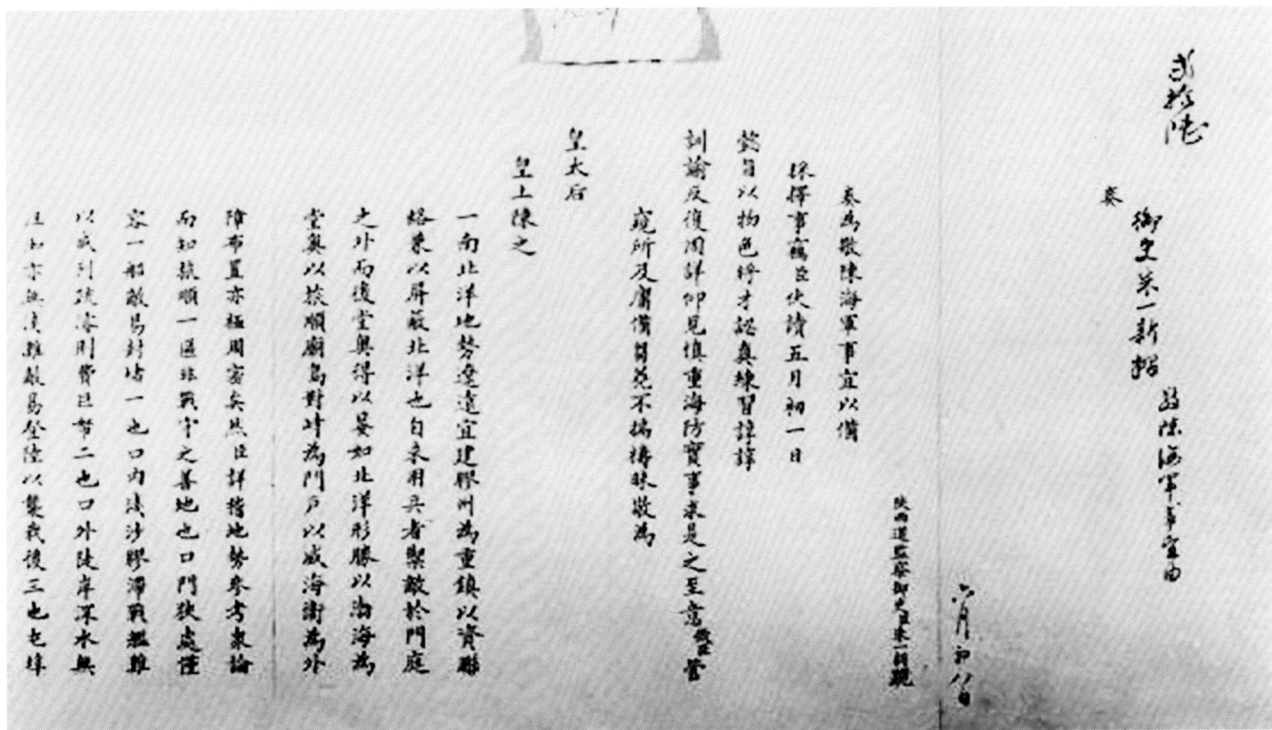

上 朱一新（1846—1894），字蓉生，号鼎甫，浙江义乌朱店人，光绪二年（1876）进士，历官内阁中书舍人、翰林院编修、陕西道监察御史。为官正义刚直，爱国忧民，直言遭贬。执意执教，任广东肇庆端溪书院主讲及广州广雅书院山长（校长）。著述颇丰，对经学尤有研究，为清末著名学者，汉宋调和学派代表人物之一。

下 朱一新奏折《敬陈海军事宜由》（局部）。他提出，"南北洋地势辽远，宜建胶州为重镇，以资联络，兼以屏蔽北洋也"；以为"欲固旅顺、威海卫，则莫如先固胶州"。

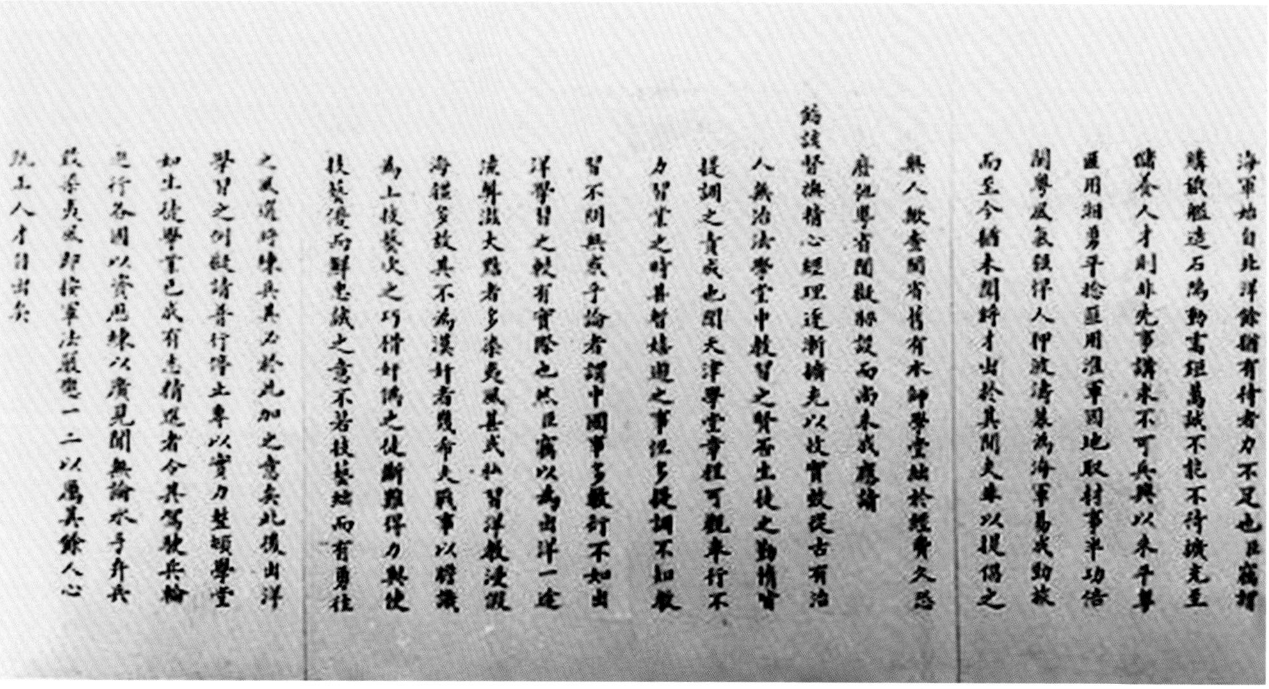

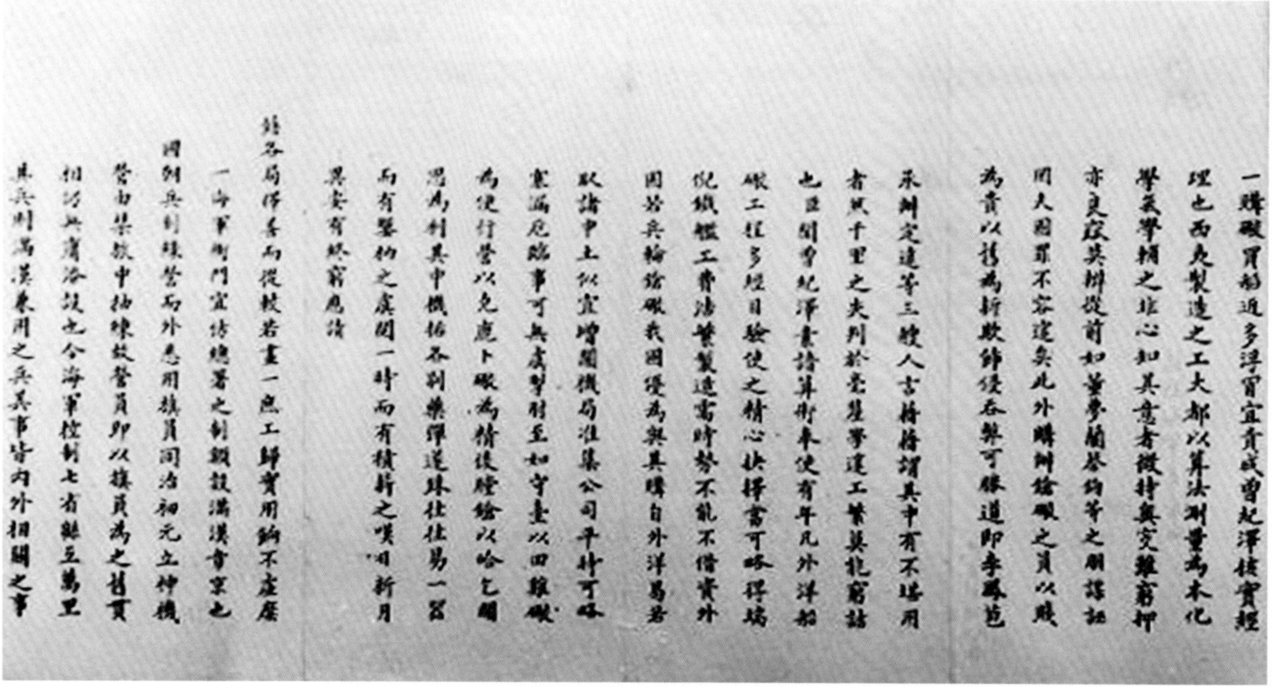

形似之又内埠難外岸太近敵船咋彈易及四
处無内河以通腹地轉運甚難藏舟與之隔海為
辟遭封塘陵兵難集五也金州西面大遶環為
敵順後路庚中之役英人泊舟於此頗地太狹
敵船便於寄椗戰我運道六也此數者皆兵事
之所忌將其地鎖鑰北洋屏遶諸又未容置

為緩圖也此患以為欲固敵順處海衞則莫如
先固膠州膠州海口寬二三里内有大渠可容
戰艦其外地形蟠至島嶼林立群家陳宋諸島
橫石隱伏險據天險最南為胃家情又南則靈
山距江南之鷹游門三百餘里上可敝登萊下
可悟江浙益形勝必爭之地也聊河分南北波
其由波入海竅曰蔴灣沂南北河以
遠被縣之海倉口吉三百餘里疏淺次濘舟併
可通无明雨代議參為運道者之海倉口地居
登與退後洋沽一旦中外有事運北洋之軍寶
以濟膠州則背指可以相聯而敦寬援之謀
無所退武運齊魯之輜糧以供衛士則潭猶可
以直達而西臾村港之技無所施建戚靖形
勢便利可否

銘下該撫臣洋細勘度如武豈吉不謀則修造歟盡
海建粗糒以次經營的抽戰艦屯集其地為北
洋省衛点聲勢易通藩籬立固矣
一關粵宜添置水陸學堂造未停出洋經費也

凡大築臺設厰製造船艦敵之機宜沿海之
形勢非有谙海之士與于其間謀大臣等奥以
收臂指之助夫取士於
京師不如取士於天下之大也今日之時勢代古
奏有之變局非合群策羣刀無以拉外悤之山
欲而折其謀而其端則必自海軍始均會辦勢
剏設章京若干員俾滿漢正途出身者皆得由
刺沽大臣圃已滿漢並用兵似宜仿總署成例
考試進但當稍變舊法使竟一日之長毋取浮
薄毋重小楷公以通達時事學有本原者為合
格斯士爭自奮或亦造就人才之一端也已
臣言職目擊時艱胃昧直陳是否有當伏乞

皇太后
皇上聖鑒謹
奏

光緒十二年六月 祝 日

朱一新《敬陈海军事宜由》（局部）

负责海防的直隶总督北洋大臣李鸿章（1823—1901），字少荃，安徽合肥人，世人多尊称"李中堂"。晚清名臣，洋务运动的主要领导人之一。光绪十二年六月十五日（1886 年 7 月 16 日），其在一份《筹议胶澳公函》中称，早就听说"西人艳称胶州湾为屯船第一善埠"。许景澄、朱一新的奏折也引起了他的重视。

膠州澳居山東之南海自登州府文登縣之威
海衛開輪由西向東六十裏至成山繞山之後
折而向西五百四十余裏至膠州澳口口東青
島高四十七八丈有市有關地屬即墨山脈來
自勞山口西陳家島高三十六七丈島前有廟
居民甚少西南大山起伏地接琅邪此外口群
山遠望之勢也青島陳家島為島外口門戶相去
八裏中間水深十余丈八九丈不等再行內口
至青島西南兩角小梅塢平崗七裏向西直伸續
相連直接玉皇小島崗皆低崗如堤而島如
阜海外口內遙遙相見無可遮蔽故入口之船
必須向西而行方進口內而正西有黃島高十七
口之水流向東南此口內之水深水淺不一與外
島居東黃島居內青黃島西相距十二裏故口
口相等在內口中流四望無際水口亦居南青
百裏東至即墨縣九十裏西南多山間有灣澳
八丈與玉皇島相對肉口水勢深淺不等向北
皆屬沈灘寬三五裏十余裏不等向北水深能
行大艦之處僅十二裏以鎮邊炮艇吃水九尺)
自黃島向內開行至十八裏而止再遠則沈灘
愈多而水更淺矣此西北面之水雖有十余裏
能泊大船而有事之時肉外相望無可遮護向
東一面沈灘相等僅止青島北面山館屏蔽之
處有深水一條寬約二裏直通即墨之女姑鎮
鎮高有十五裏可望而不可及以金澳之論地
雖寬廣而能泊大艦有屏蔽之處僅以青島北
面深水一條寬約二裏僅十裏此金澳之水
勢也合山水之勢論之則口門小于威海亦不
如旅順口門之緊固而水比威張加深守土者
宜設防于此庶有事之時可以杜外人占為立
足之地

上　1886年2月末，李鸿章派沿海水陆营务处刘含芳（后排右一）前往
　　胶州湾查勘、测量。1886年7月，刘含芳写了《查勘胶州湾条陈》。

下　刘含芳上奏《查勘胶州湾条陈》（节选）。

一南照小上布置若敌人来犯不能得利
支应局预计
置有城之后每年仍须项经费容若干应由海防
计修塔道经费应由海关经营估计照以上布
营坞厂军械等件购备应由海防工程估计地
项地饷经费应由军械总局计地
一上年里应购鱼雷及守白门营各
一种单应上营用罂麻子油串油花生
油等项酽酽地均不尽
座应须由开卖江南运来
出石灰有碎石烧可就地垒惟不料附近无
一踩三十里宜山街此碎瓦路百货菜肴
一坞须有民人开挖经修二百金亲其补货之精
司莅有民人开挖经修二百金亲其补货之精
粗煤苦之多寡未能遽为确定水师口岸应先
一烟厂墨库需庆洪内隐岛可以装设应由
等登楼一座以缓长须定设一
一陈家为东港连山喷照国上红砖应度设二
字为南偏东二字其色白门诸应宜设长码
精宪石其各经向宜白色志须红以照口南
外文自北偏东五字其色红以照十数表
一口门水浅基应宜率设浮筒约七十镶可数
一口门为黄牛黄一带幸须昼夜驻陆军六营
择要分布奉守各台幸振滨地信幸李时须添
派六营为两岸游睁之师
一口门为造各山为近海道峡应宜分基小
土景配里横炮各炮约二十尊以防小翻逆
坟堡各土景宜在大炮幸相近山喷照峡应安里
一陈家为东港连山喷照国上红砖应度设二
一陈家为南湾地基潜去可以藏伏雷艇
进退便连诚应坡而不陵可以设立岸销
雷艇之所约须大小雷艇十二巴皇幸勘配

上左 丁汝昌（1836—1895），字禹廷，号次章，安徽庐江人。北洋舰队编成后，任北洋水师提督。1886年，丁汝昌同总教习琅威理（英人）奉李鸿章之命，乘军舰到胶州湾查勘、测量，认为此处"得海军地利，为南北水师总汇之区"。

上右 琅威理（Lang William M.），于光绪五年（1879）来华，极受李鸿章赏识，被留用为北洋水师总教习。

下 图为琅威理的《布置胶澳说帖》（节选）。琅威理到胶州湾查勘测量后，规划了建设炮台、海军基地的方案。

上　北洋水师外国教官与致远号官兵合影

中　北洋水师提督旗

下　北洋水师旗舰"定远舰"

慈禧太后（1835—1908），亦称"西太后""老佛爷"，清咸丰帝妃，同
治帝的生母，晚清重要政治人物，因建颐和园而使军费开支捉襟见肘。《胶
澳志·大事记》载："是时，北洋海防恃李鸿章一人，而海军经费又移
供颐和园之建筑，渤海财力已苦支绌，不暇顾及黄海也。"

1891 年，在北洋海军成立三周年之际，李鸿章等携山东巡抚张曜校阅海军，并赴胶澳查勘。6 月 5 日，李鸿章一行乘船驶抵胶州湾，此次实地查勘使他对胶州湾的战略地位有了新的认识。几天后，李鸿章与张曜联衔奏请在胶州湾和烟台建筑炮台，驻军设防。其理由是："现在威（威海）、大（大连）各口修筑炮台，水师相依，俱成海防重镇。若有敌船远来，必求一深水船澳停驻之处。至于乘隙登岸陆路内犯之说，尤可虑也，是胶澳设防实为要图。"

上 张曜（1832—1891），字朗斋，号亮臣，清末著名爱国将领，光绪十二年（1886）任山东巡抚。1891年，张曜抵胶澳查勘，认为该地环山蔽海，实为一大要隘。

下 张曜奏折（光绪十七年四月初十日）

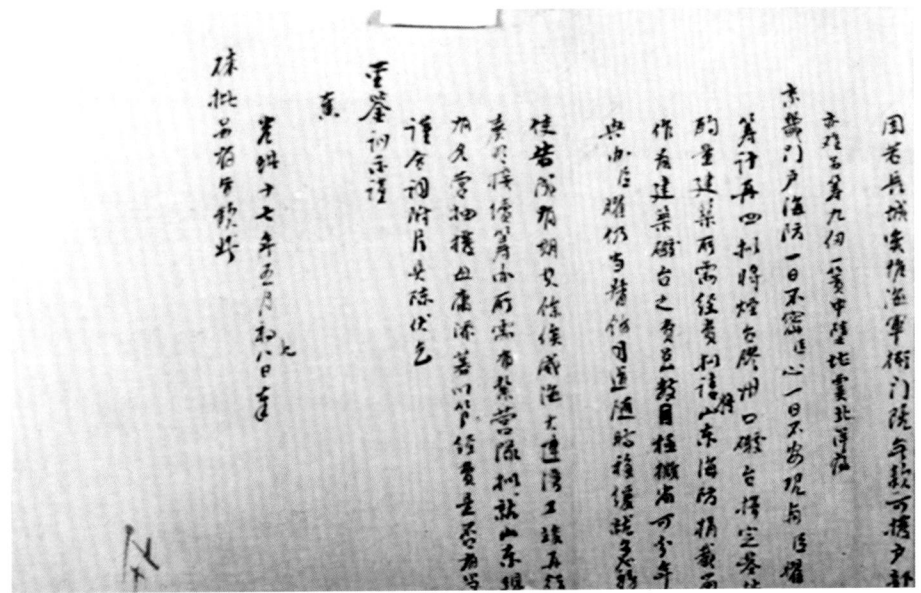

光绪十七年（1891）五月七日，李鸿章、张曜奏请在胶州添筑炮台。奏折中说："轮船进口系向西行，青岛在北，陈家岛在南，相距六里。既进口转向北行，坦岛在东，黄岛在西，相距七里。澳内周围百余里，可泊大队兵舰。口门系属湾形，从东至北，环山蔽海，形势天成，实为旅顺、威海以南一大要隘。"进一步强调说："光绪十二年臣鸿章随同醇贤亲王阅海，曾论及胶州必应置守，惟经费支绌，拟俟威、大事竣，赶筹续办。此次臣等会同前往详审勘度形势，自应预为经画，未可再缓。"

第二节　初露端倪

　　胶澳设防是海防工程，其目的在于防止外敌侵占胶州湾后以此为基地，进而染指内陆。1891 年 6 月 14 日后，李鸿章、张曜调章高元率嵩武军四营从登州镇总兵府（当时山东共设三镇总兵）的蓬莱驻防胶澳，建军营、修炮台，为青岛建置的开端。

一、章高元与总兵衙门

　　章高元（1843—1913），字鼎臣，安徽合肥人。早年加入淮军，后因功改授山东登州镇总兵，又调防胶澳，是青岛城市史上第一任军政长官。甲午战争中，奉旨率军增援辽东；甲午战争后，回驻胶澳。

上左 　清朝总兵腰牌的正面

上右 　清朝总兵腰牌的反面

下 　总兵衙门

总兵衙门全景

上　总兵衙门门口。1892 年，章高元在天后宫侧面修建了胶澳镇守衙门，
　　即总兵衙门，俗称"老衙门"。

下　总兵衙门外景

上 总兵衙门照壁。照壁上的异兽是上古传说中的"獭"。"獭"虽貌似麒麟，但生性贪婪，吃尽山中的飞禽走兽，又占尽人间的金银珠宝，贪心不足，还想吞食太阳，结果被活活烧死。明清两代官衙将此兽画在照壁上，意在告诫为官者不可有贪心，贪得无厌者必将自取灭亡。

下 总兵衙门的院落及正大门（德国历史博物馆提供）

兵营全景。1892年，章高元率兵驻防青岛村一带。这些部队虽然是陆军，但主要任务是防御海上之敌入侵。为此，章高元修筑了总兵衙门（位于今人民会堂一带）和驻扎军队的兵营，修建海岸防御炮台，架设有线电报，还修建有运输功能的前海码头。青岛村一带由渔耕之村发展成为军事要地，城市发展也由此拉开序幕。

上　天后宫门前的商铺

下　开埠初期的青岛口已具有城镇的雏形。

二、设施与布防

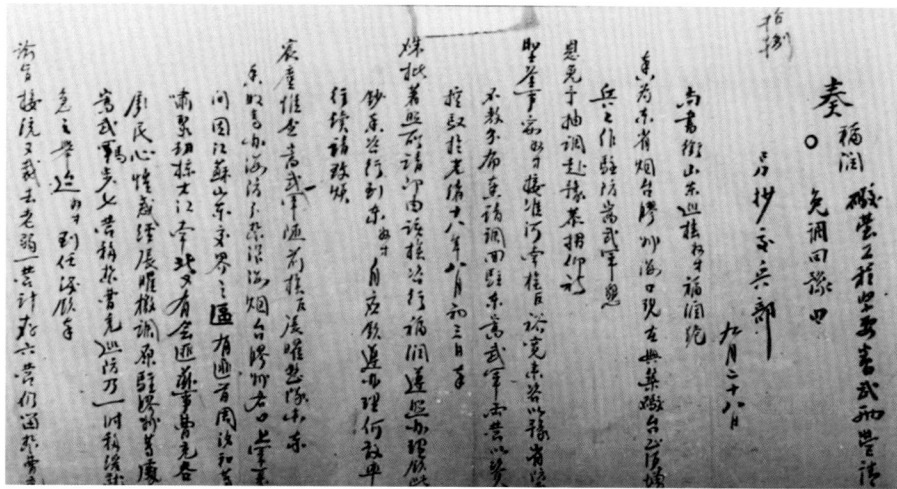

上　福润的奏折。山东巡抚福润奏请免调嵩武两营赴豫，将嵩武前营、嵩武中营两营调至胶澳，归章高元指挥。

下左　骧武前营界石（现存于青岛市博物馆）

下右　前海炮台遗址（修建于明代，清代仍沿用）

上　前海炮台遗址远景

下　开埠初期的前海栈桥（德国历史博物馆提供）

上 龚照玙（1840—1901），安徽合肥人。1894 年 5 月 29 日，直隶总督
李鸿章上奏："登州总兵章高元，承办各台基址已具……道员龚照
玙又于青岛前建设大铁码头一座。""大铁码头"即青岛栈桥，建桥
所使用的钢结构部件均来自旅顺船厂，工程也全部由中国技术人员
施工。

下 栈桥初建于光绪十八年（1892），又称"前海栈桥""南海栈桥""大
码头"。清军修建此码头以供海军停泊舢板、运卸货物。

晚清时期胶澳的邮使。1893年，清廷敷设山东省沿海军讯电线，在杨家村（今台东一带）设有线电报房，供驻军使用。

驻防胶澳的清军兵营

上 德国人授意手绘的胶州地图，记录了清兵驻防时期所建总兵衙门、炮台、兵营和码头、电报局等的方位，城镇雏形初显。（德国历史博物馆提供）

下 沧口全图（德国历史博物馆提供）

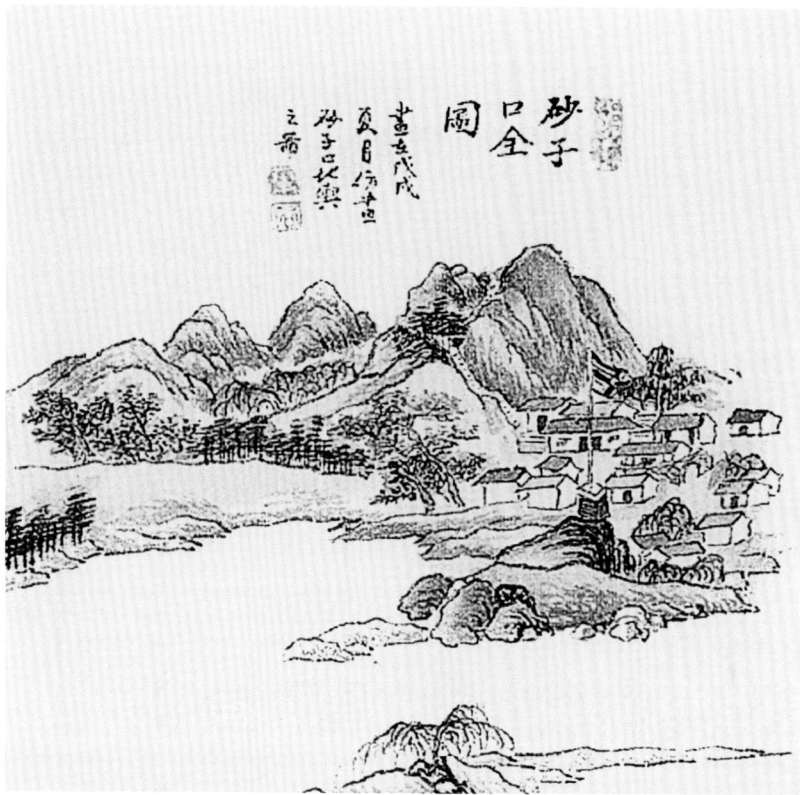

上　沙子口全图（德国历史博物馆提供）

下　李村集（即后来的"李村镇"）全图（德国历史博物馆提供）

三、军队与武器

上　驻防胶澳的清兵集体操练

下　清朝胶澳驻军的日常枪操训练

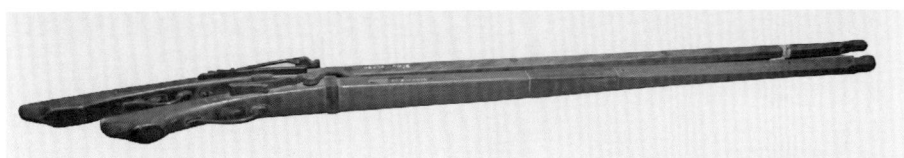

上　清军早期使用的铸铁炮（现存于青岛市博物馆）

中　清军早期使用的步枪（现存于青岛市博物馆）

下　驻胶澳的清军新兵进行操练。

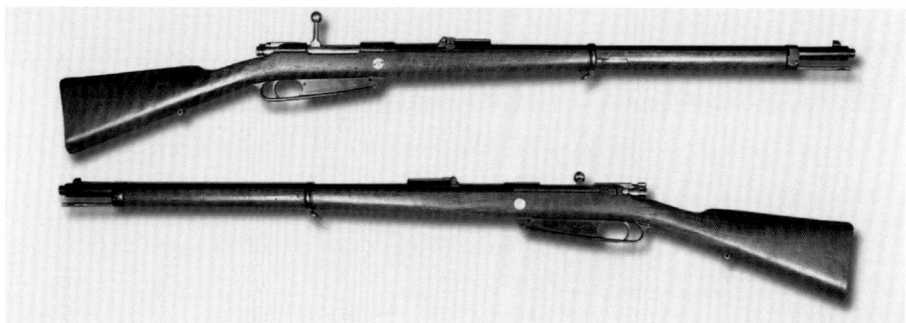

上 章高元驻军的训练场

中 训练中的清军士兵。受洋务运动的影响，清朝后期的军队在训练、装备方面比以前有较大改观。章高元的军队也曾聘请过德国教官来训练士兵。

下 88式委员会步枪是由德国步枪试验委员会研发的栓式步枪。该步枪最早于甲午战争期间被清政府引进，是清末新军的主力步枪之一。章高元军队已经装备了德国制造的步枪和大炮。

四、甲午前后

甲午战争爆发后，章高元率领部队离开胶澳参加辽东半岛的盖平之战，战争结束后回驻胶澳。《胶海关报告》中记载，1895 年冬，章高元率部再返青岛时，部队人数有步兵二千人，炮兵一千人。

上　甲午战争中驻守辽东半岛的清军

下　甲午战争期间开赴辽宁牛庄的清军部队

上　在威海卫训练的清军洋枪队

下　清朝海军士兵

上　甲午战争中，日军占领北洋海军旅顺海军公所。

下　甲午战争中，日军占领威海卫黄土崖炮台。

上　甲午战争中沉没的威远舰

下　清军战俘。甲午一役，大量清军被俘，其中一部分被押往芝罘岛，
　　另有一部分押往日本进行"优抚"。

上　甲午战争后，章高元率兵从辽宁返回胶澳驻防。

中　胶澳清军驻防的嵩武中营

下　胶澳清军驻防的广武炮营近景

上　胶澳清军驻防的广武炮营

中　胶澳清军水雷营驻地

下　胶澳清军嵩武中营营盘

上 胶澳清军嵩武中营大门

中 章高元军队驻扎的炮营营地

下 胶澳清军炮营和嵩武中营

第三章　发展脉络（1891—1911）

建置之前，现在青岛的部分市区归即墨仁化乡管辖。据清同治版《即墨县志》载，现在的市南区、市北区大部属于文峰社，西部和北部基本属于郑疃社。李村片大致属于南曲社。

由于清廷的闭关锁国政策以及其腐败无能，该地区长期处于自给自足的农业经济状态，生产滞后，民生凋敝。从建置前到二十世纪三四十年代，百姓的生活状况基本没有什么太大改变。

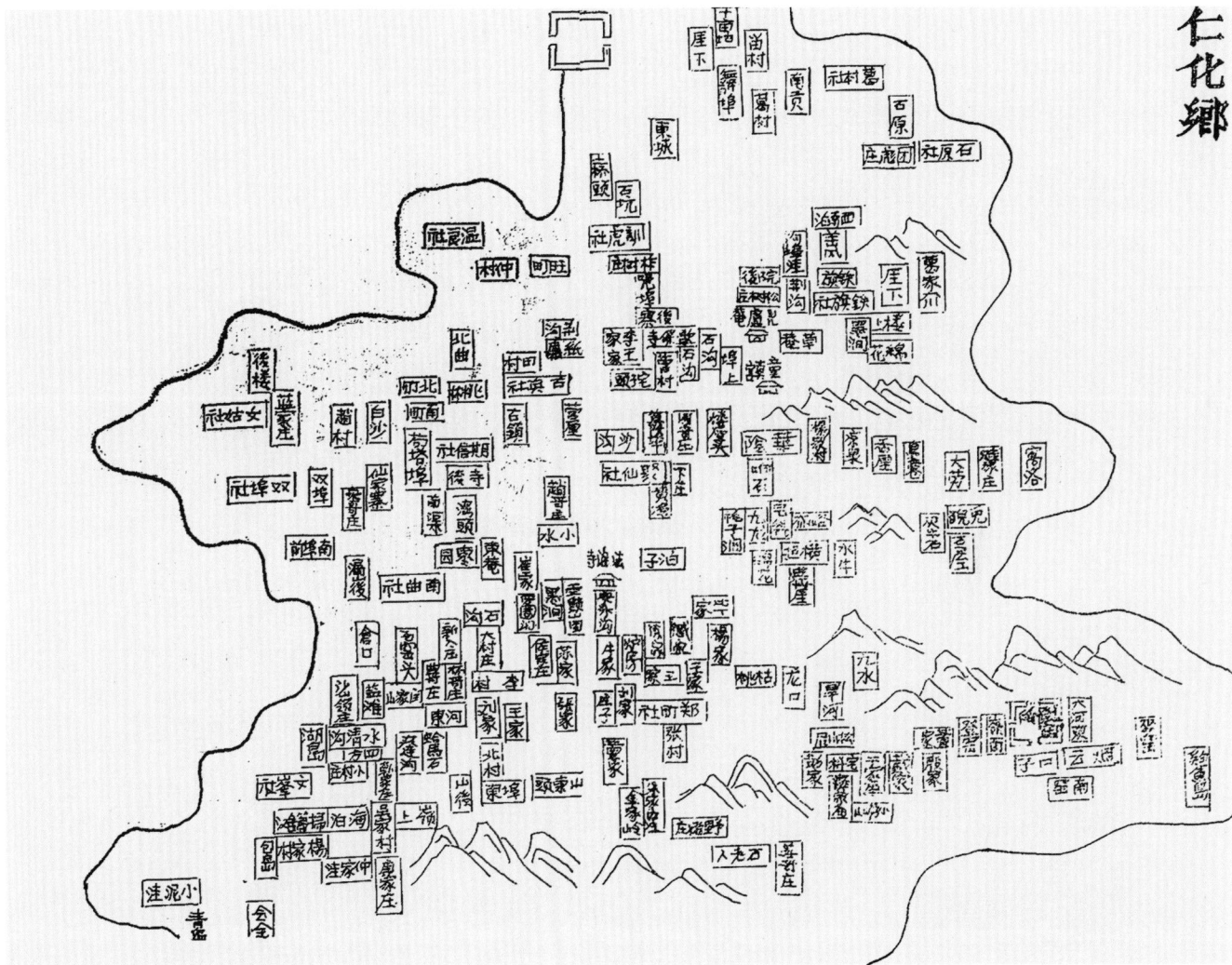

清同治版《即墨县志》中的仁化乡地图

第一节　胶州湾周边老港口

　　胶州湾自古就有对外通商的港口，明万历六年（1578），许铤独身赴任即墨知县，见当地民生艰难，奏议朝廷开放海禁，给"开一线生路"。皇帝谕准，开放金家口、女姑口、青岛口三个海上贸易港口。到清代中期，三个港口中以金家口最为繁荣，女姑口次之，青岛口稍后。另外，还有沧口、登窑口、沙子口等。

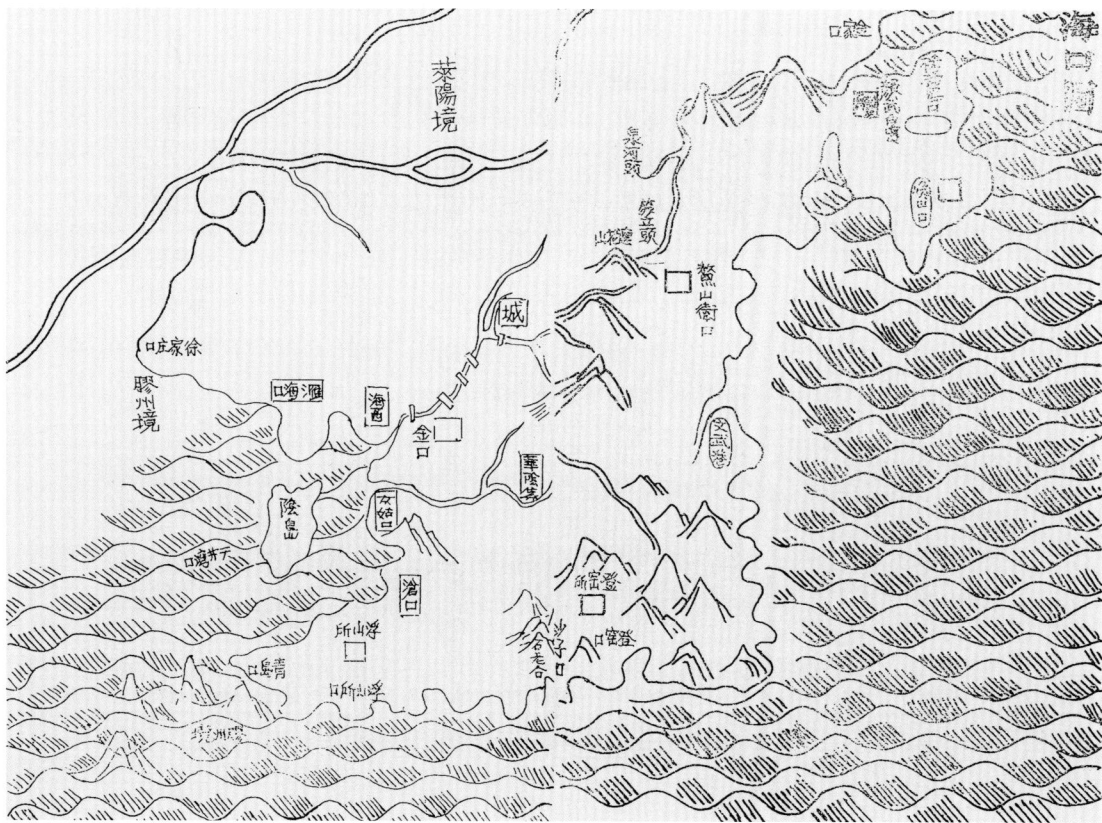

清同治版《即墨县志》中的海口图

上 清末胶澳地区海景

中 崂山仰口海湾

下 清末会前湾（今汇泉湾）海岸

上 　清末的青岛海岸

下 　前海与小青岛

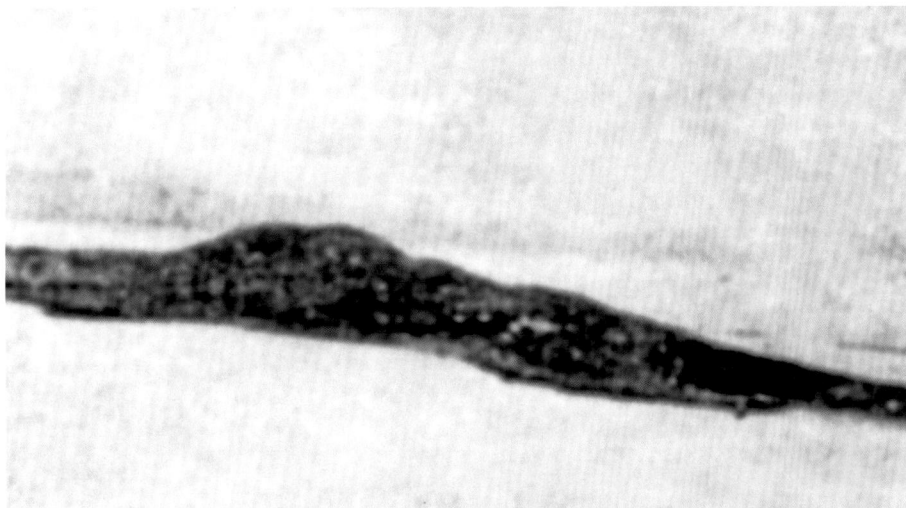

上 阴岛（今红岛）——胶州湾最大的岛屿

下 金家口石斛——金家口商铺作度量之用器（现存于青岛市博物馆）。
金家口为明代即墨地区最大的港口。据载，贸易忙碌时，通往港口
的道路上驾车挑担者众多，当地官府派出专门人员疏导交通，是真
正意义上的"交通警察"。后来，淮涉河（墨水河）改道，金家口
淤塞，海上贸易转往即墨与莱阳交界之地的"金口"，两口曾长期
并存。

上　金家口商家使用的 100 斤标准石坠，是测重量的标准器物。

下　志石，也称"志子"，为公用的度量器具。（现存于青岛韩家渔盐民俗博物馆）

上 金口商铺同义兴用的木斗（现存于青岛市博物馆）。金口（位于即墨与莱阳交界处），起初亦名"金家口"，清同治版《即墨县志》载，"金家口，县东北九十里"，可见当时此地"金口""金家口"两名混用，后逐渐去掉"家"字，以示区别。明朝后期，金口只是一个小渔港，随着胶州湾中金家口的式微而兴起。据清乾隆三十三年（1768）天后宫《庙田碑记》所载，当时金口已成为商港。十九世纪中叶，金口的繁荣达到顶峰，成为附近数县的榨油工业中心和南北商货进出集散地。"商贾云集、商船林立"，曾有诸多"三百六"之称：三百六十家店铺，三百六十只舢板，三百六十盘油碾等。十九世纪末期，五龙河日渐淤浅，烟台、龙口、青岛先后开埠，金口遂日渐衰落。

下 商铺使用的木杆抬秤（现存于青岛市博物馆）

上　明清时期的商家账簿（现存于青岛市博物馆）

中　清末的女姑口

下　女姑口位于胶州湾东北部白沙河入海口的女姑山下。清朝后期为顺岸式码头，有仓库、旅店、酒馆、作坊和相应的一大批码头"扛夫"。进出船只来自江浙闽和辽东，运来的货物有纸张、陶瓷、竹子等，运出的货物有豆油、花生油、粉丝等。据在此发现的清咸丰年间《重整旧规》碑记载："我即邑（即墨）自前明许公（许铤）奏青岛、女姑等口准行海运，于是百物鳞集，千艘云屯，南北之货既通，农商之利益普。"德占青岛后，女姑口因流沙淤积、海船难以入港而废弃。

上　沧口街（1900年时称"下街"）。沧口初名为"仓口"，最早是个转运货物的小码头，后来发展成为重要的对外通商口岸，主要将花椒、梨等出口到南方，也从海州一带进口粮食等物；近代主要被用作渔港和杂货港。

下　沧口。据载，此处的土地在明朝系崂山太清宫的庙产。道士们为方便收取佃户的租子，在海边设一粮仓，然后由小船装载后，绕过青岛湾沿水路运往崂山。通商时初名为"仓口"。道光版《胶州志》载："金家口、青岛口海船按装载货物抽取税银，尽征尽解，无定额。仓口、沙子、登窑三小口装载花椒梨果同。"1901年，沧口火车站投入使用，崂山地区的水陆货运和人员乘车从这里周转，沧口港也处于鼎盛时期。

上 沧口海面上的渔船

下 青岛口。胡存约《海云堂随记》载："出口以披猪（用盐腌制的白条猪）、
　　花生、生油、豆油、豆饼、白蜡、青梨等为最，进口以广洋杂货、
　　细白棉布、棉纱、绸缎、糖、桐油、竹木材为多……"

上 前海和栈桥码头

下 海上的帆船

上　长途海运的四桅杆帆船

下　沙子口。《胶澳志·民社志·游览》载："沙子口当旱河入海之处，
　　众流交汇，湾阔而水深，故李村南部之货物出入荟萃。"图为沙子
　　口造船工匠拖船下水。

上　沙子口的海边（德国历史博物馆提供）

下　崂山青山村的海湾（德国历史博物馆提供）

上　崂山太清宫的太清湾

下　崂山雕龙嘴的渔港

崂山头（德国历史博物馆提供）

潮连岛——青岛地区离陆地最远的海岛（德国历史博物馆提供）

潮连岛——青岛地区离陆地最远的海岛（德国历史博物馆提供）

上　胶澳海中的小岛屿（德国历史博物馆提供）

下　胶澳海中岛屿一角（德国历史博物馆提供）

上 塔埠头位于胶州湾中，该地带半为滩涂半为港湾。港湾中多有水道，
其中最重要的一条便是通往西北端的塔埠头。青岛开埠前，贸易航
运的民船主要抵达这里，卸下货物后用小船沿一条小河再调驳往胶
州城。由于海沙逐年填塞，屡挖屡淤，1892年后，随着其他港口的
兴起，塔埠头逐渐被废弃。

下 停泊在塔埠头的船只

竹岔岛上的渔船码头（德国历史博物馆提供）

上　在竹岔岛码头玩耍的孩子（德国历史博物馆提供）

下　竹岔岛码头上造船用的木材（德国历史博物馆提供）

竹岔岛附近的礁石群（德国历史博物馆提供）

水灵山（德语中的水灵山，即现在的灵山岛）山谷与海面停泊的船只（德
国历史博物馆提供）

上　水灵山的港湾（德国历史博物馆提供）

下　水灵山海边的岩石（德国历史博物馆提供）

第二节　胶澳周边老村庄

青岛村街景

上　汇泉湾畔会前村居民的家族墓地

下　坐在石碑前的村民（德国历史博物馆提供）

上　浮山所。据胡存约《海云堂随记》记载，每年正月，当地人到天后庙（今
天后宫）扮杂耍。"惟例须至浮山汛挂号纳银，方得设场"。至清末，
这里仍是地方治所之所在。

下　生活在浮山附近的仲家沟居民（德国历史博物馆提供）

上 浮山荒草庵（青岛印象博物馆提供）

中 小鲍岛村

下 鲍岛，原是胶州湾中一个小岛的名称。人们称鲍岛对面岸上的一个渔村为鲍岛村，由于人口的增多，村里有些家族到鲍岛东山（今上海路一带）以东建房，逐渐形成另一村落，叫小鲍岛村，原来的鲍岛村就称大鲍岛村。

上　小鲍岛村的树林和居民

中　海泊河附近的扫帚滩

下　海云庵庙会。这一带有东四方村、西四方村、小村庄和湖岛村，人
　　们以下海捕鱼和耕种农田为生。原每年正月十六举行的庙会为"糖
　　球会"。

王氏族譜書

中華民國十三年甲子冬吉旦

瓊海堂敬修

上 湖岛村。王氏于明朝永乐元年（1403）在此建村。村西海边有一小岛，落潮时可步行上去，涨潮时像湖中之岛，遂取名"湖岛"，故村子也称"湖岛村"。

下 《王氏族谱书》为湖岛王氏家族族谱，于1924年修成。（现藏于青岛市档案馆）

上 台东镇全貌

下 台东镇市场的景象（德国历史博物馆提供）

上　台东镇居民合影（德国历史博物馆提供）

下　李村大集。有关李村大集的记载最早见于明万历版《即墨志·建置》：
　　"市集，在乡十二……李村，在县南六十里。"其时，李村大集已是
　　乡间十二大集之一。1928年刊《胶澳志·民社志》载："李村，距
　　青岛市三十里地，当李村河之中流，为四通八达之地，乡区之重要
　　路线，悉以此为中心点。村贸易亦聚于是，河崖有市集，每逢阴历二、
　　七等日，乡民张幕设店，米粮、布匹、木器、农具以及家畜家禽应
　　有尽有，临时营业恒得千数百家，集会人数不下二三万……"

上　王氏墓地。清同治版《即墨县志》记载："学道王如辰墓，县南五十里，子侍郎懿附葬。"（德国历史博物馆提供）

下　墓地中的翁仲石像

翁仲石像（德国历史博物馆提供）

上　1903年10月23日，德国摄影者贝麦（Behme）与湾头村张家祠堂合影。
　　（德国历史博物馆提供）

下　湾头村张家祠堂侧山墙上的陶制装饰，当地村民称之为"万字块"。
　　（德国历史博物馆提供）

上　沙子口村庄居民在街道上纺织粗布。（德国历史博物馆提供）

下　崂山姜哥庄村民在街上闲坐。（德国历史博物馆提供）

上　农村民居

下　竹岔岛的屯前村（德国历史博物馆提供）

上　在田地里劳动的竹岔岛居民（德国历史博物馆提供）

下　竹岔岛海边礁石上的孩子（德国历史博物馆提供）

上　竹岔岛上的石头祭坛（德国历史博物馆提供）

下　水灵山上的村落（德国历史博物馆提供）

上　水灵山上的村落（德国历史博物馆提供）

下　山村农户（德国历史博物馆提供）

上　胶州内城东北角的文昌阁

下　胶州内城南门外的毂轮子桥

第三节　开埠前的胶州湾周边

一、前海周边

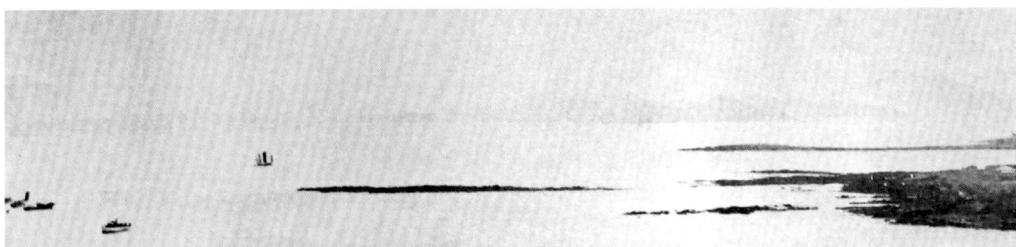

上　前海景色

下　前海海面

上　青岛口景色

中　青岛口全景

下　上青岛村、下青岛村和胶澳总兵衙门

上　青岛口的村民和商铺

中　青岛村附近的景色

下　上青岛村全景（云志艺术馆提供）

上　上青岛村远景

中　上青岛村

下　上青岛村风貌

上　上青岛村远景（德国历史博物馆提供）

中　上青岛村外景

下　上青岛村

上青岛村。胡存约《海云堂随记》载："吾胡氏原籍云南，明洪武迁东鲁，居于是乡，繁衍□□，结为上庄、下庄……濒近海隅，航运通达，□□往来极盛……""上庄"就是开埠前的上青岛村。

二、生活掠影

（一）富裕人家

年轻女子

上　裹着三寸金莲的妇女

下　用人向女主人请罪。（云志艺术馆提供）

上　全家福

下　妇女照

上　家庭照（德国历史博物馆提供）

下　富家子弟（德国历史博物馆提供）

上　饭桌上

下　三个农妇

上　出行

下　走亲戚

上　回娘家

下　过年的全家福

（二）平民人生

上　走亲戚的母女

下　牵牲口的小男孩

少妇和孩子（德国历史博物馆提供）

上　好奇的儿童

下　竹岔岛上的孩子（德国历史博物馆提供）

上　胡同里的孩子（云志艺术馆提供）

下　回娘家

上　老翁

下　老妪（云志艺术馆提供）

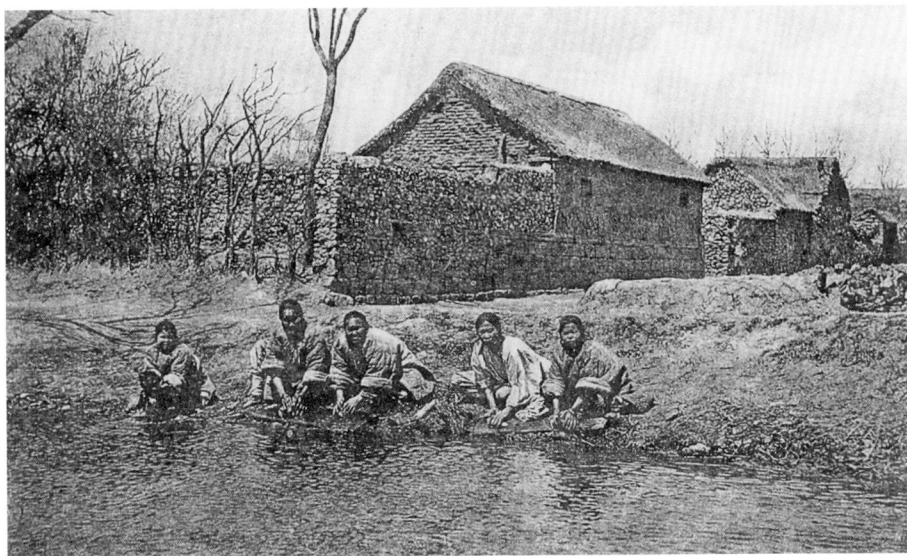

上　水清沟村河边洗衣服的妇女

下　屋前一家人

上　农家院

下　简陋的房屋

上　劳动妇女

下　戴枷锁的囚犯

（三）街头即景

上　墙边交谈的村民（云志艺术馆提供）

下　村头

推碾。每个村都有公用的石碾，主要用来轧碎地瓜干、玉米等粮食作物。

上　碾盘边的老人（德国历史博物馆提供）

下　驴拉碾子。

用碾子加工粮食的农民

上　坐在碾盘上的男人（德国历史博物馆提供）

下　理发（德国历史博物馆提供）

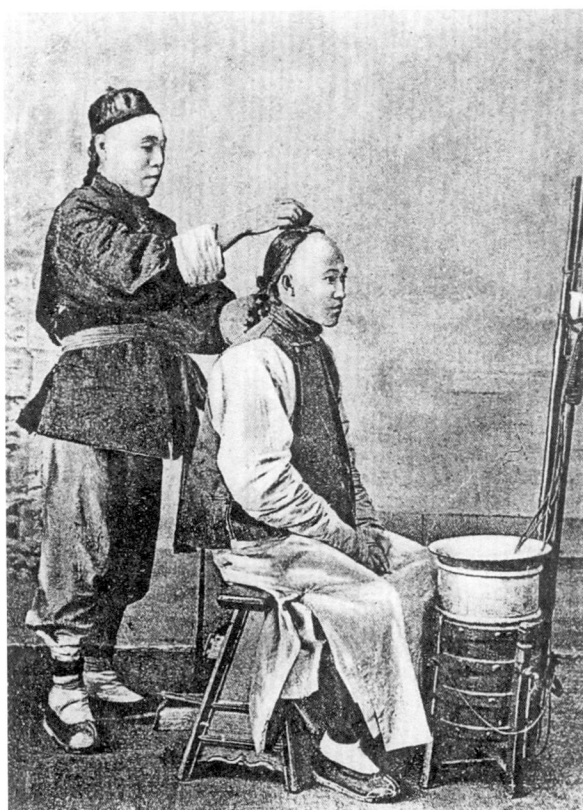

上　理发后梳理头发

下　街头的棚户杂货铺

上　东李村的老人和孩子们（云志艺术馆提供）

下　东李村街道上的妇女儿童（云志艺术馆提供）

街头的乞讨者

（四）红白事

迎亲的队伍（云志艺术馆提供）

上　迎亲队伍中的花轿（云志艺术馆提供）

下　迎亲队伍中的乐队（云志艺术馆提供）

上 迎亲乐队经过村头的场院地。（云志艺术馆提供）

下 迎亲队伍中的吹鼓手（云志艺术馆提供）

上　迎亲队伍进村。（云志艺术馆提供）

下　迎亲队伍到门前。（云志艺术馆提供）

上　迎亲花轿起轿。（云志艺术馆提供）

下　新郎和新娘

上　按地方风俗举行的葬礼

下　小鲍岛的墓地（德国历史博物馆提供）

树林中的墓地（德国历史博物馆提供）

树林中的墓地（德国历史博物馆提供）

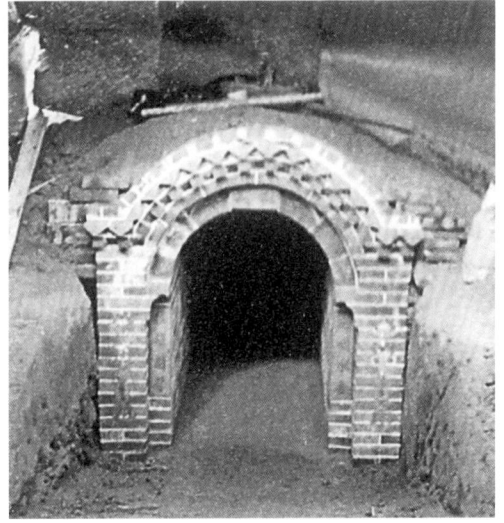

上　位于李村的王氏家族墓地（德国历史博物馆提供）

下左　南九水竹窝村立有石碑的墓地

下右　富人家的墓地

三、文化教育

上　戏剧演出

下　集市上看戏的人们

上　唱大戏

下　清末青岛的庙会和戏台（云志艺术馆提供）

上 表演中

下 《秦香莲》剧照

上　私塾（德国历史博物馆提供）

下左　约翰·A.林奈尔（John A. Linarer）及夫人海德温格·林奈尔（Hyde-wenger Linarer）。他们是早期青岛地区现代文化教育的开创者。

下右　胶州董先生——一位富有学识的教师

上　师生合影

下　中外教育工作者合影

农耕时节

上　农家饲养的牛

下　耕地用的犁

上　种上庄稼的土地

下　山中的农田（德国历史博物馆提供）

上　水灵山的梯田（德国历史博物馆提供）

下左　种植的农作物

下右　麦田里即将成熟的麦子

上 收割小麦

中 收获季节的农家场院

下 挑秫秸的农民

上　推独轮车的人

下　挑担的少女（德国历史博物馆提供）

上　挑担回家

下　山里干农活（德国历史博物馆提供）

上左　老农

上右　家境殷实的中年人

下　分饭

上　手推车

中　装有风帆的独轮手推车（德国历史博物馆提供）

下　装有风帆的独轮手推车

上　装满货物的手推车

下　乡间道路上的马车

上　织布的妇女

下　户外的铁匠摊

利用猎鹰捉拿小动物的狩猎人（德国历史博物馆提供）

上 烧木炭的手艺人（德国历史博物馆提供）

下 拉大锯的师徒

上　摆摊的老人

下　卖水果的老人（德国历史博物馆提供）

上 小商贩

下 大鲍岛交易集市

上　台东市场一角（德国历史博物馆提供）

下　台东市场上的商贩（德国历史博物馆提供）

上　李村集上的老中医

下　穿街走巷的货郎

上　在算卦的相命先生

下　规模宏大的李村大集（云志艺术馆提供）

第四节　前期青岛港口

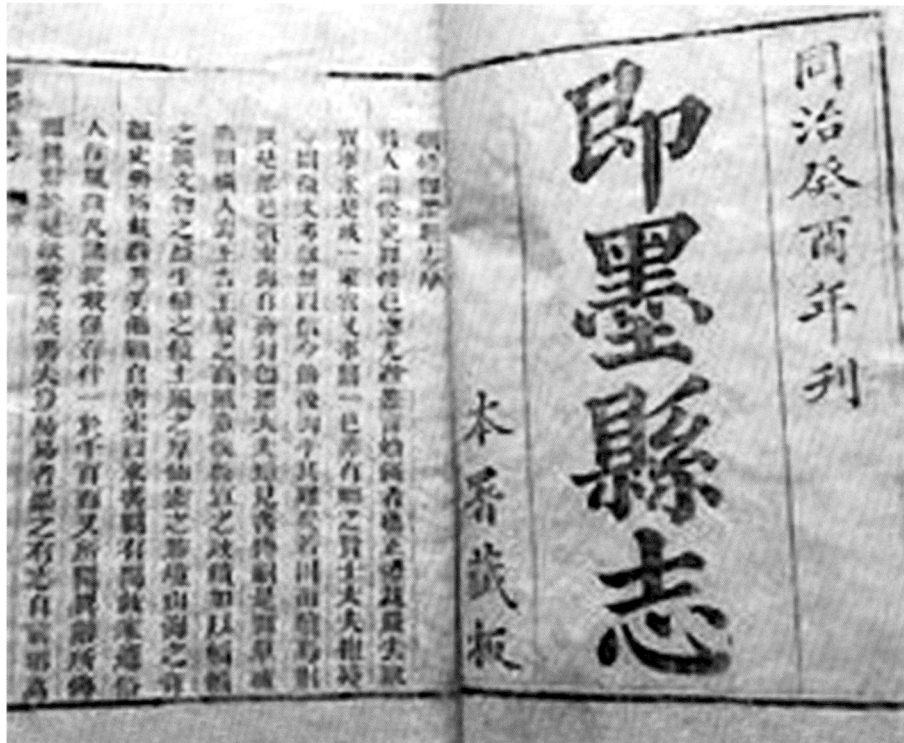

清同治版《即墨县志》中关于金家口、青岛口的记载。

青岛口的景象。"青岛口"之名始于明万历年间，位于天后宫前的海滩。清末，青岛口市井商贸盛况已达中等县城规模，天后宫附近商贸活动日益兴旺。丁酉年（1897）三月十四日晚"商董首事集议本口禀县商铺数目，除新近由即墨、平度、金口、海阳来此赁屋暂营者六家外，计车马、旅店九，洪炉一，成衣、估衣、雉发三，油坊、磨坊、染坊六，杂货、竹席、瓷器店铺七，药铺二，当铺一，织网、麻、草、油篓、木材八，肉鱼盐铺行六，鞋帽、皮货各一，纱布绸店、广洋杂货店三，酒馆、饭铺九，酱园、豆腐坊各一，糕点茶食三，计六十五家。航载写船（代办海上客货运输）多由广洋杂货、木材诸店号兼业"。（胡存约《海云堂随记》）

上　停泊在港口的帆船

下　青岛的平底木帆船

上　小港的露天集市

下　在码头抽烟的渔民（德国历史博物馆提供）

上　胶州湾海面

下　胶州湾港口里的中式帆船（德国历史博物馆提供）

停泊在小港的中式帆船（德国历史博物馆提供）

傅炳昭（1865—1946），民族实业家，山东黄县（今龙口市）人。章高元驻防胶澳时，傅炳昭在总兵衙门附近经营源泰号商铺。德占胶澳后，他自学德语，开设祥泰号杂货店，专为德国洋行采购土产，推销五金、洋酒等。1910年，傅炳昭成为青岛商务总会第一任会长。

第五节　即墨与胶州

历史上，即墨曾一度为胶州管辖，两县人民生活在胶州湾周边，生活习惯相似，民风民俗相通，连民间的地方戏曲也是"柳腔茂腔两枝花，胶州即墨不分家"。

一、即墨

隋开皇十六年（596），即墨县治由即墨故城（今平度市大朱毛村一带）移址于此。元至正十一年（1351），即墨县尹吕俊重修县城，建有东、南、西三座城门。因东临浩瀚沧海，名为"望海"（万历版《即墨县志》为"望潮"）；南眺环列如屏、青峰如黛的崂山群峰，名为"景岱"；西因近西河环城北行，流入横河，名为"临川"。明万历二十八年（1600），倭寇多次侵扰，知府龙文明令知县刘应旗将城墙易土为砖，三门改题旧额，东为"潮海"，南为"环秀"，西为"通济"。其时，即墨商业贸易发达之处在西关、共济街一带。一条官道与商路直达省城济南府。

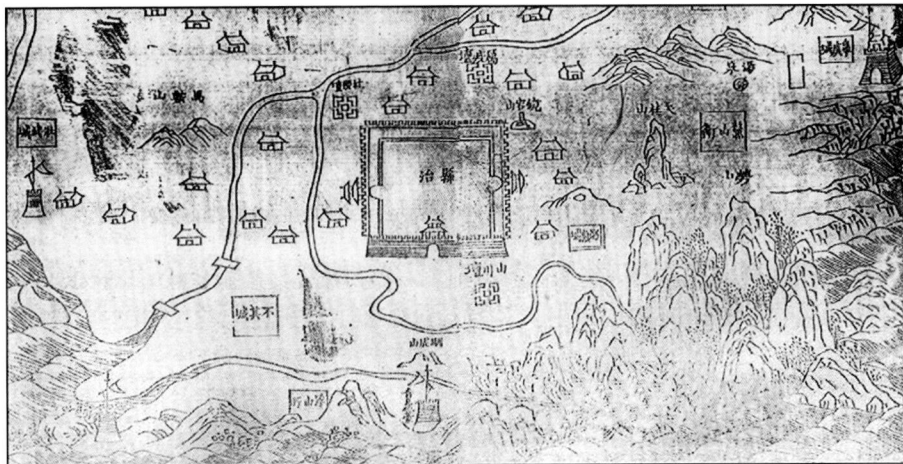

清乾隆版《即墨县志》中的即墨县境图

（一）城墙建筑

即墨城池呈正方形，东西、南北各长 500 米，周长 2000 米。城墙起初为夯土板筑，墙高 5.5 米，厚 4 米，其后重修又不断加高加厚。

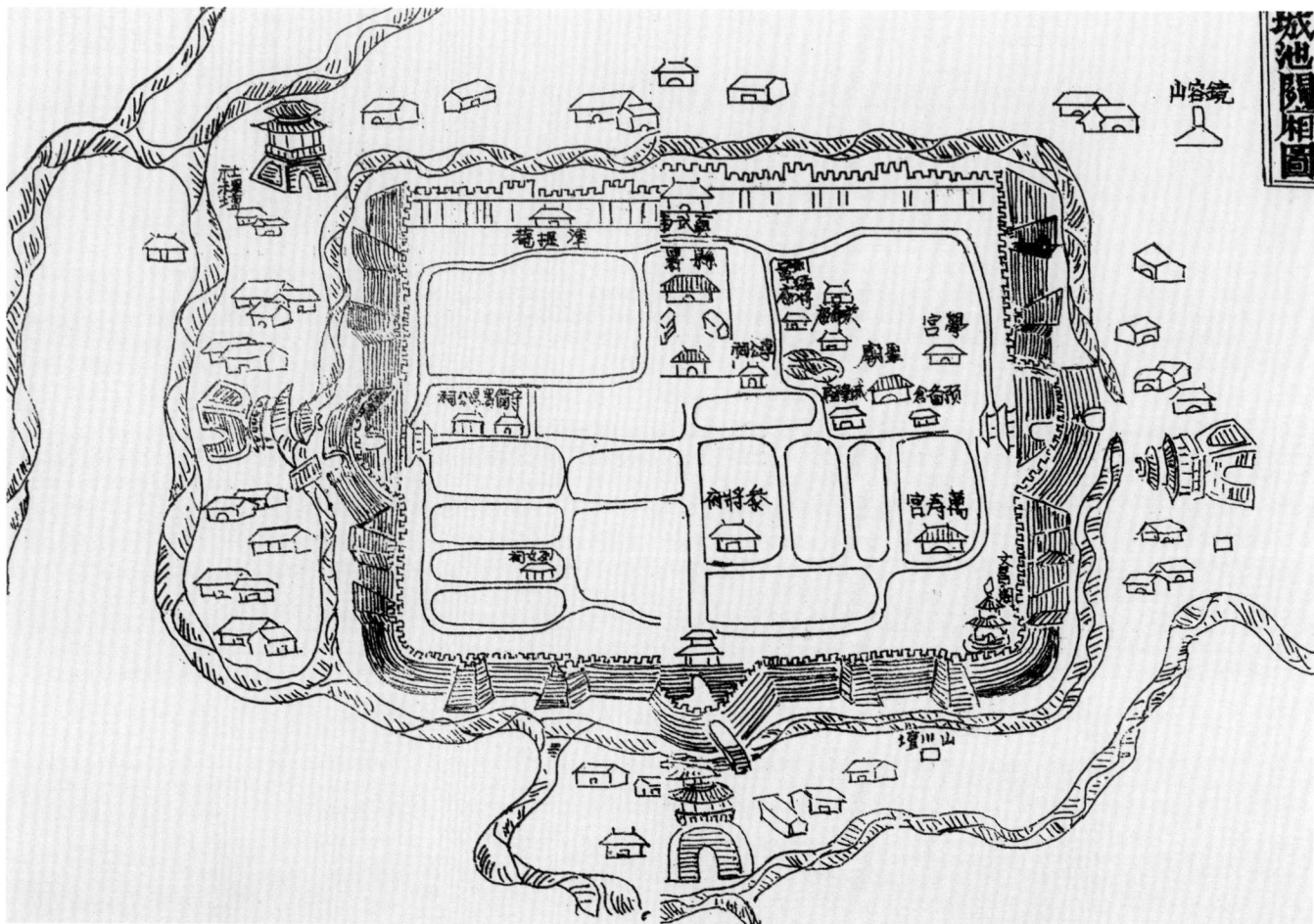

清同治版《即墨县志》中刊有城池关厢图。

上左　即墨县城门。即墨因故城地临墨水河而得名，秦代置县，隋朝建城，建城史有 1400 余年。

上右　清乾隆二十五年（1760）增修的三座城门楼为二层楼房。

下　即墨城门门楼

上　即墨县城的护城河

下　即墨城墙

上　即墨城墙大门

下　即墨东城门门楼及角门

上左 即墨东城门门楼南有文昌阁。(德国历史博物馆提供)

上右 即墨文昌阁之一

下左 即墨文昌阁之二

下右 即墨南城门的瓮城、城门楼及城墙 (青岛印象博物馆提供)

上　即墨南城门西部的民居

中　即墨西城门和西阁里大街

下　即墨南阁（俗称"火神阁"）

上　即墨城内街道

下　即墨北阁，即三官阁；三官是指天官、地官和水官。

上　即墨古城墙东南角

中　即墨城墙上的甬道（德国历史博物馆提供）

下　即墨古城外墙

上 即墨瓮城城门

下左 即墨瓮城门外景

下右 即墨瓮城及城墙

上 即墨万寿宫外景

下 即墨西城门和西阁里大街

上　即墨西门大街

下　即墨街景

（二）功名牌楼

即墨乃人文荟萃之乡。自明朝以来，著名的官员就有"周（如砥）、黄（嘉善）、蓝（田）、杨（良臣）、郭（琇）"五大望族中多人以及清代著名廉官李毓昌等。城内有县署、孔庙、考院、参将署、城隍庙等十三处较大建筑物和多处明清石牌坊。

"四世一品"牌坊，始建于明天启元年（1621），为表彰明朝兵部尚书黄嘉善的功德而建。

"四世一品"牌坊（下图为德国历史博物馆提供）

即墨牌坊街

十字街以东的牌坊

牌坊街街景

"总督三边"牌坊

上　十字街以西的牌坊

下　"太保"牌坊

上　十字街以东的牌坊

下　十字街以西的牌坊

上　恩荣坊是为进士黄作孚立的牌坊。

下　即墨傅家庄村西的贞节牌坊

（三）城里生活

明清时，城中以十字大街为中心，界分为东南隅、东北隅、西南隅、西北隅；附近居民区划为正南厢、东南厢、西南厢，即所谓"四隅三厢"。

上　清光绪二十九年（1903）至光绪三十一年（1905）在任的即墨知县程云翰与儿子合影。

下　清光绪三十一年（1905）至宣统二年（1910）任即墨知县的陈毓崧与友人合影。

行走在南城门的居民

上 在城门下玩耍的孩子们（德国历史博物馆提供）

下 商号

上　大户人家的妇女

下　基督教即墨公会的牧师和家人在即墨城郊乘轿子游玩。

（四）文化教育

上　文庙大成殿内景

下　文庙大门（德国历史博物馆提供）

上　即墨城隍庙大街和庙门口栽种的柏树（德国历史博物馆提供）

下　木雕神像（德国历史博物馆提供）

上 崂山书院大门

下 基督教即墨公会会址

上左　建设中的基督教即墨公会办公室

上右　基督教即墨公会办公室

下　基督教即墨公会牧师宿舍和办公室

上左　基督教即墨公会教堂施工现场（青岛印象博物馆提供）

上右　建成的基督教堂

下　基督教堂外景

基督教堂内景

基督教德籍传教士与家人

上 基督教即墨公会的德籍传教士和中国牧师合影。

下左 即墨天主教堂

下右 清光绪三十年（1904），德国基督教会在即墨创建萃英书院。

上　基督教即墨公会医院

下　基督教即墨公会医院治疗室里的病人

（五）民风民俗

上　即墨城墙下的集市

下　郭集崖城墙和墨水河的石桥

郭集崖边的墨水河岸

墨水河景象

墨水河景象

即墨大集。是日，四乡之民纷至沓来，人流如潮，蔚为壮观。

上　即墨大集一角

下　推车返程的农民

上 装满庄稼的独轮车

下 即墨城墙边骑驴的路人

（六）城外景物

上 护城河。护城河环绕即墨城，城外有四郭。

中 即墨南城门外

下 城外村郭

上　城郊古墓

中　墓地里的石像

下　石碑与石牌坊

贞节碑。"清霜翠柏"碑立于光绪二十三年（1897）；"从容就义"碑立
于光绪二十八年（1902）。

上 即墨风师傅坟。清同治版《即墨县志》载："风僧，不知何许人。万历初来居即墨海岛中，数年不出一语。久而大笑狂歌竟日。值严寒，常浴海滨，出而气冲如蒸，或时登山巅自掷涧棘中，皮肤不少损。每出游，群儿从之。问以祸福，则戏谩不可解，后皆响应。三十余年，形容如少时。一夕端坐而化，邑人号为风师。"殁后，人们筑此坟以为纪念。

下 法海寺的旗杆石础（现存于青岛市博物馆）

二、胶州

胶州是华夏文明发祥地之一，也是三里河文化遗址的所在地，唐宋时期曾是全国五大商埠之一、长江以北最重要的通商口岸，俗谚称"金胶州，银潍县，铁打的青州府"。

（一）古城巍然

胶州城从板桥镇始，开建于唐武德六年（623），城墙呈正方形，初为夯土砌成，明洪武年间改筑砖石，清乾隆年间又增建三城门和两层城楼。三城门分别是：东面迎阳门，南面镇海门，西面用成门。

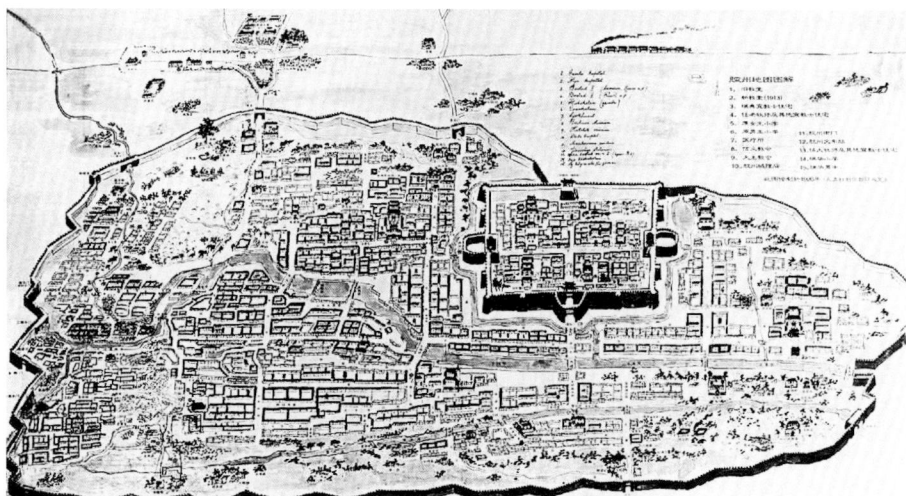

上 由瑞华浸信会传教士绘制于 1920 年的胶州地图图解

下 胶州城镇海门城楼

上　胶州城镇海门瓮城门

中　胶州城用成门瓮城门

下　胶州城迎阳门

上　用城门城楼及护城河

下　胶州外城东北角楼

上 胶州内城城墙及西南角楼

下 胶州外城东门同德门。胶州外城建于清咸丰十一年（1861），同治三年（1864）改砌以砖，有七个城门：东门同德门、西门镇华门、南门永安门、北门阜安门、东北门奎光门、西南门顺德门以及西南门与西门之间的永顺门。

胶州外城北门阜安门

上　胶州内城门楼及民居

下　胶州内城城墙下的通道（德国历史博物馆提供）

上 胶州外城东北与内城东城墙连接处

中 胶州城的景象（德国历史博物馆提供）

下 胶州内城东门外的关帝庙

胶州内城文庙、文昌阁及南城门楼

（二）牌坊林立

古时胶州商业繁荣，文化鼎盛，翰苑高才辈出，故城内街巷修建了大量牌坊，如"父子司徒"坊、"兄弟进士"坊、"科第联辉"坊等。

胶州内城书院大门前的牌坊和旗杆。家乡的学子和官员取得功名和勋绩升迁后，明朝时立功名牌坊，清朝时则竖旗杆挂斗子，斗子的数量代表一个家族进士的数量。

胶州内城东门里的牌坊和旗杆

上　胶州内城的牌坊群

下　胶州内城东门里的牌坊群

上　胶州内城考院大街的牌坊群

下　胶州宋家街"兄弟进士"牌坊

上　胶州内城崔家牌坊街的牌坊群

下　胶州衙门街的牌坊

上　小桥南头街上的牌坊

下　胶州城外的牌坊

（三）官署建筑

胶州州署衙门大门

胶州城隍庙大殿前的牌楼

胶州的莲花池畔景象（德国历史博物馆提供）

开满荷花的庭院（德国历史博物馆提供）

胶州州署衙门后花园

上　胶州文庙大成殿内的孔圣人像

下　胶州文庙的大成桥（俗称"状元桥"）

（四）重点景观

上　胶州文庙大成殿院内

下　胶州文庙大成殿后门（青岛印象博物馆提供）

胶州州署衙门二道门

上　胶州府官员们的合影

下　宣统三年（1911）在任的胶州知州张汝钧

上　被押出胶州州署大门的囚犯

下　光绪二十一年（1895）在任的胶州知州罗志伸及僚属的合影

胶州州署大堂外景（下图为青岛印象博物馆提供）

胶州州署大堂外景

上　胶州州署衙门口的石狮和示众的犯人

下　胶州州署大堂外的"天威咫尺"牌坊

上　老城隍庙

下　修缮后的胶州城隍庙

上　胶州城隍庙中的香鼎炉（德国历史博物馆提供）

下　胶州城隍庙东厢房内景

庙中的木雕神像（德国历史博物馆提供）

上　城隍出巡，又称"出会"，是传统的宗教节日形式。

下　胶州天后宫。胶州天后宫位于外郭城四开水门内，云溪河畔，庙前
　　有飞檐画栋的天后宫戏楼，系明末清初由南方商船主们集资所建。

胶州天后宫牌楼。天后宫门前原有一座高大精美的牌楼，上有清代胶州著名书法家冷文炜的题字。牌楼正面的题字是"威震咸孚"，牌楼背面的题字是"海不扬波"。牌楼为胶州秧歌主要演出场所之一。

沙滩南崖菩萨庙山门

上 菩萨庙庙会

中 关帝庙

下 坊子街百子庙中的木雕神像（德国历史博物馆提供）

胶州考院——读书人考试的场所

左　胶州城外的古塔

右　胶州城外墓地留影

（五）街景集市

上　胶州州署前街

下　胶州内城东门里

上　胶州内城南门里大街

下　菩萨庙山门前街景

上　胶州内城房屋鸟瞰

下　外城的民居

胶州内城天主教堂的花园（上图为德国历史博物馆提供）

上　花园里的传教士

下　胶州内城西门的照壁

上 胶州内城的集市

下 胶州内城的街道

小珠桥

上　安乐桥及山货街市

下　高板桥

上　瓦罐盆子集市

下　塔埠头集市

上　墨河桥（俗称"毂轮子桥"）

下　街道

（六）文化教育

上　浸信会教堂

下　瑞华男校的门口

位于寺门首街的瑞华医院

（七）交通商运

驼队。胶州是山东半岛联结内陆各省市的通商枢纽，"骆驼铺子"众多。

满载货物的骆驼商队（德国历史博物馆提供）

上 牵骆驼的人（德国历史博物馆提供）

下 休息中的骆驼商队（德国历史博物馆提供）

上　骑马旅行

下　钟楼边行进的驮轿

上　载人的驮轿

下　驮轿——富贵人家的代步工具

上　过河的马车

下　雨后道路上的马车

上 运送柴草的马匹

中 运送松树枝的骡子

下 马车店

上 马车店一角

中 西关马车店

下 用毛驴牵引的独轮车

上 阜安门里大街的道路正在进行碾压整修。

下 等待出海的商船

（八）农作生产

上　西南关田间耕作的农民

下　用锄头松土的农民

上 农民将泥浆抹在肥料堆上，以利于发酵。

中 农家院里堆着的肥料

下 正在施肥的农民

上　在田间小憩的农民

下　农民用便携式灌溉工具从井里提水，用以灌溉庄稼。

上　看守庄稼

下　在场院晾晒谷子

上　打场的农民

下　农妇整理收获的地瓜。

上 用来榨取豆油和花生油的石磨

下 榨油坊院内的花生饼和盛油的器皿

第四章　列强觊觎（1869—1897）

道光以降，社会动乱不已，清廷国势日衰。鸦片战争打开了中国封闭的国门，清王朝的腐朽面目暴露无遗。欧洲列强为扩大在华利益，不断觊觎胶州湾，伺机夺取作为口岸。《胶澳志》载："胶澳一隅，久为中外所注目。英舰数来游弋，俄舰于冬令时亦频来寄泊。"德、日等国家的军舰也接踵而至。

最早来华的美国商船

第一节　俄舰赖栈

上　1895年冬，俄国军舰强行来胶澳寄泊。清廷委许景澄与俄国政府交涉，俄国非但不撤走其军舰，反而又调来数艘。图为俄国海军一级巡洋舰"科尔尼洛夫上将"号，于1895年4月在山东沿海航行。

下　1895年4月，俄国海军一艘二级巡洋舰"强盗"号在山东沿海航行。

上 俄国海军中将谢尔盖·彼得洛维奇·蒂尔托夫（Сергей Петрович Тыртов）是 1895 年在山东沿海活动的俄国海军舰队的指挥官。

中 小青岛附近水域是进出胶州湾的必经之路。

下 1897 年，德国军舰出现在小青岛附近水域。

许景澄曾数次就俄国军舰强行在胶澳寄泊之事与俄国交涉。下图为许景
澄书札。

第二节　形势险恶

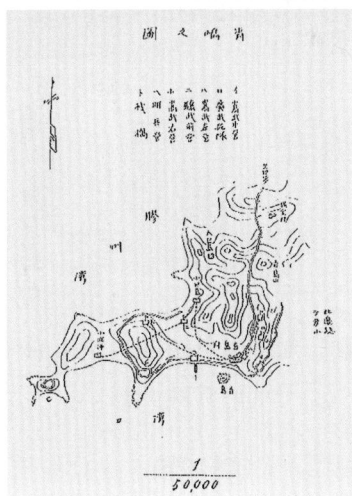

上　鸦片战争以来，各帝国主义国家以武力强迫清政府订立了许多不平
　　等条约，使中国逐渐沦为半封建半殖民地的国家。图为自1842年以来，
　　世界各国与清廷签订的按国别分类的不平等条约。

下　1896—1897 年，日本人到胶州湾调查后绘制的地图标明了清朝驻防
　　军队的名称。

上 光绪二十二年（1896）四月，李鸿章与俄国外交大臣罗拔诺夫草拟的
《中俄密约》稿。

中左 《中俄密约》签订人之一的俄国财政大臣谢尔盖·尤利耶维奇·维
特（Сергей Юльевич Витте）

中左 《中俄密约》签订人之一的俄国外交大臣阿列克谢·鲍里索维奇·罗
拔诺夫－罗斯托夫斯基（Алексей Борисович Лобанов-Ростовский）

下 1896年6月3日，大清国全权特使李鸿章赴俄国，与俄国外交大臣
罗拔诺夫、财政大臣维特在莫斯科签订了《中俄密约》。图为李鸿
章出访时与俄国官员的合影。

上 1896 年 1 月 8 日《申报》报道，俄国军舰在青岛（现在的"小青岛"）
停泊。

下左 1896 年 6 月 3 日，李鸿章与俄国签订《御敌互相援助条约》（通称
《中俄密约》），允诺"当开战时，如遇紧要之事，中国所有口岸，
均准俄国兵船驶入"。图为行驶在山东海域的俄国海军"圣彼得堡"
号运输船（左）和"勇气"号海上炮艇。

下右 俄国巡洋舰"科尔尼洛夫上将"号的军官在航行途中观察山东的
海岸。

上 1896 年 6 月，李鸿章到德国汉堡拜会德国"铁血宰相"俾斯麦，并在其私邸大门前合影。

下 李鸿章在德国皇宫。

第三节 德帝阴谋

一、首倡者——李希霍芬（Ferdinand von Richthofen）

李希霍芬是德国地理学家、地质学家，近代早期中国地理学研究专家。

1868—1872 年，李希霍芬通过七次旅行，考察了当时中国十八个行省中的十三个，对中国地质做了详细调查，也为德国侵华做了大量的准备工作。

1869 年，李希霍芬考察了山东等地，随后不断向德国政府提议，对于德国来说，夺取胶州湾及其周边铁路修筑权是十分必要的，占领胶州可使德国更方便地使用中国华北的棉花、铁和煤等资源。他认为这样做不仅可以将山东纳入势力范围，还可控制广大的中国腹地。为了利用山东控制内地煤矿，他向欧美商会建议修建连接内地与海港的铁路，认为"如果连接河南、山西和港口的铁路建起的话，它们的大多数珍贵物产——主要是矿产——将得以出口"。

德国和其他西方国家对他的评价甚高。德国学者称，李希霍芬对于自然社会的重大贡献是无可争议的，他是一个自觉地、有目的地代表外国资本尤其是德国在华资本利益的人，他按照这个明确的目的去进行调查，使得外国资本容易侵入中国。

1897 年，德国出兵占领胶州湾，将山东划为其势力范围。德国海军司令提尔匹茨在报请德皇威廉一世批准的军事计划中，多次引用李希霍芬的考察结论。

李希霍芬（1833—1905）（德国历史博物馆提供）

《山东及其门户胶州》——李希霍芬关于胶州湾的论著。上图为图书封面，下图为扉页。

ihr noch mehr durch den Gelben Fluss gebracht, als durch die bergigen Küsten und ihre Buchten. Dennoch haben die Häfen von Kinkiakou und Kiautschou Bedeutung gehabt. Ich komme sogleich darauf zurück.

Die letzte Küstenprovinz des eigentlichen China ist Tschili. Sie sendet zwar keine Halbinsel nach dem Meer und besitzt nirgends eine bergige, gebuchtete Küste; auch kann man sie trotz ihrer Lage am Meer nicht als eine maritime Provinz im eigentlichen Sinn bezeichnen, denn sie verhält sich fast in allen Beziehungen wesentlich kontinental; aber sie hat doch vor Schantung den Vortheil eines Netzes schiffbarer Flüsse voraus, die durch eine einzige Pforte vom Meer aus erreicht werden. Hier ist das schon im Binnenland gelegene, aber doch für Schiffe von geringem Seegang noch zugängliche Tientsin ein Eingangsplatz von hoher Wichtigkeit, nicht nur wegen der Nähe von Peking, sondern auch, weil von hier jene Wasserwege ausstrahlen, welche den Verkehr nach verschiedenen Richtungen, zum Theil bis in die Nähe der Gebirgsgrenzen, vermitteln können.

Es geht hieraus hervor, dass unter den gegenwärtigen Verhältnissen Schantung sich am wenigsten unter allen Küstenprovinzen einer wirthschaftlichen Erschliessung der inneren Gebiete von der See aus erfreut. Betrachten wir die Verhältnisse an der Landseite. Hier ist theoretisch die Erschliessung vorzüglich hergestellt durch den Grossen Kanal und den Gelben Fluss. Dies ist auch, wie wir bereits (S. 19 und 163) gesehen haben, thatsächlich der Fall, unter der Voraussetzung, dass Alles in guter Ordnung ist. Aber die Unzuverlässigkeit ist bei beiden Wasserstrassen störend. Auf dem Kanal kann jederzeit eine Unterbrechung eintreten; und wiederum, um diese zu verhüten und die Ordnung zu erhalten, sind von den Schiffen bedeutende Abgaben zu erheben, welche die Kosten der Beförderung erhöhen. Gegenwärtig sind sie so beträchtlich, dass z. B. die Stadt Itschoufu ihre Fremdwaaren von Tschifu aus über Wéi-hsien beziehen soll. Der Kanal ist ein entschieden grosser Segen für die westlichen Gebiete und deren Verbindung mit der Aussenwelt, und

Grossen Kanal Unordnungen vorkamen, wird wieder die Bedeutung von Kiautschou für die Versorgung ausgedehnterer Landstriche zugenommen haben. Jedenfalls war es noch immer ein bemerkenswerther Verkehrsplatz zu der Zeit, als der Fremdhandel auf der Halbinsel Schantung einen Ort zur Niederlassung suchte. Man beging den Missgriff, Kiautschou zu übersehen und Tschifu zu wählen, wahrscheinlich weil dieses für die Dampfschiffe eine Etappe auf dem Weg nach Peking bildet. Dies war im Jahr 1860. Es wurden Handelshäuser und Waarenniederlagen in Tschifu gegründet. Die Kaufleute in Wéi-hsien mussten dorthin gehen, um die fremden Güter in Empfang zu nehmen. Die Verbindung war zwar langwierig, kostspielig und unbequem, da der Hafen von den Produktionscentren von Schantung weit abgelegen ist; aber sie wurde doppelt erforderlich durch den Umstand, dass die fremden Dampfer nach Tschifu auch die Produkte des südlichen China brachten, welche bisher nach Kiautschou gekommen waren, während nach diesem Ort überhaupt kein Dampfer ging. So geschah es, dass Kiautschou seine Bedeutung verlor, Tschifu dennoch nicht zur Blüthe kam, und die Provinz darunter darbte, dass ihr gut gelegener und altgewohnter Eingangshafen ihr entzogen war. China hatte weder den Trieb, noch die Macht, dies zu ändern. Kiautschou wurde mehr und mehr ein todter Punkt, obgleich die Betrachtung seiner ungemein günstigen Lage die fremden Kaufleute wohl hätte dazu auffordern können, hier Einlass zu begehren. Sie beachteten ihn nicht. Und als die chinesische Regierung von einer einsichtsvollen Seite auf die Vortheile des Ortes aufmerksam gemacht wurde, beabsichtigte sie zwar vorübergehend, ihn zu befestigen; aber sie dachte nicht daran, ihn zu der Eingangspforte zu gestalten, zu der er bestimmt ist, und von der sie selbst in erster Linie Vortheil zu ziehen berufen ist. Ohne das intelligente und zielbewusste Eingreifen einer fremden Macht wäre Alles beim Alten geblieben.

Die Wahl von Kiautschou als Station für deutsche Schiffe.

Dies war die Lage, als, infolge einer von den chinesischen Behörden geduldeten, wenn nicht geschürten Aufhetzung gegen

---

上　《山东及其门户胶州》中关于山东省地理位置及其作为沿海省份的
　　重要性以及胶州和胶州湾的重要性的描述

下　选择胶州作为德国舰艇基地之一。

habe, nicht in der Gegenwart, sondern in der Zukunft, d. h. in der Eröffnung des Inneren durch verbesserte Verkehrsmittel, nämlich durch Anlage von Eisenbahnen.

Der Hafen von Kiautschou und die Gründung einer deutschen Niederlassung an ihm.

Die Auslothung und Vermessung der Bai von Kiautschou, die kartographische Aufnahme ihrer Umgebung, die Beschreibung durch berufenere Federn solcher, die dort länger geweilt und das umliegende Land näher kennen gelernt haben werden, und photographische Aufnahmen der Landschaft werden bald ein vollständiges Bild des neuen deutschen Besitzes in China geben. Energisch, und doch mit weiser Mässigung, wurde bei der Besetzung gehandelt; nur das Nothwendige wurde beansprucht. Denn was Deutschland braucht, ist nicht ein Land zur Verwaltung, sondern eine Heimstätte für seine Schiffe und ein möglichst gesicherter Ansatzpunkt für wirthschaftliche und Handels-Unternehmungen. Thatkräftig wurde alles in die Wege geleitet, um die ersten vorbereitenden Schritte für die in Aussicht zu nehmende Entwickelung zu thun. Hohes Geschick und zielbewusstes Auftreten bezeichnen die diplomatischen Schritte in Peking, welche der Erwerb und seine rechtlichen Verhältnisse zu sichern und die Wege für wirthschaftliche Unternehmungen zu ebnen hatten. Es ist zu hoffen, dass Thatkraft und Einsicht den Maassnahmen nicht fehlen werden, welche die Privat-Thätigkeit wird ergreifen müssen, um unter dem Schutz der deutschen Verwaltung die weiteren Schritte für die Begründung und den Ausbau einer Handelsniederlassung, für die Herstellung von Verkehrslinien nach dem Inneren, sowie für die wirthschaftliche Hebung des Landes im Allgemeinen zu thun und die Sicherung eines Gewinnes für deutsche Interessen aus den dem chinesischen Reich und Volk aus solcher Hebung zunächst zufallenden Vortheilen zu erzielen.

Was sich uns jetzt bietet ist nicht ungunstig, aber durchaus nicht besonders verlockend. Aus den britischen Admiralitätscarten, den älteren Beschreibungen von Williamson und Markham

Schantung keine arme Provinz.

Ausfuhr, und das vorgenannte mittlere Verhältniss zeigt, dass sie stetig erheblich grösser als die letztere ist. Es geht daraus hervor, dass die von Tschifu aus erreichbaren Theile der Provinz über den Werth ihrer ersichtlichen Ausfuhr hinaus aufnahmefähig sind. Vermuthlich rührt dies daher, dass ein grosser Theil der Landesproducte, wie die Seide und die Fabrikate von Poschan, auf Landwegen nach anderen Provinzen des Nordens ausgeführt werden, ohne dass von diesen aus eine erhebliche Einfuhr stattfände. Ganz fehlt diese nicht, wie der früher erwähnte Bezug von Roheisen aus Schansi beweist; aber von den Gegenständen, welche sich aus den Einfuhrtabellen von Tschifu als Bedarf der Provinz zu erkennen geben, haben die Nachbarprovinzen im Norden und Westen fast gar nichts zu liefern. Daher wird von diesen das Geld kommen, mit dem Schantung den dauernden erheblichen Ueberschuss der Einfuhr in Tschifu bezahlt.

An dieser Stelle möchte ich der in neueren Schriften verbreiteten Anschauung gedenken, dass Schantung eine arme Provinz sei; sie wird als so armselig bezeichnet, dass die Bewohner massenhaft auswandern müssen. Dieser Meinung steht die in den Berichten aus den zwei letzten Jahrhunderten vertretene Ansicht entgegen, dass Schantung eine reiche Provinz sei, welche Alles erzeuge, was die Bewohner zum Leben bedürfen; sie wird durch die Thatsache bestätigt, dass sie unter allen Küstenprovinzen am dichtesten bevölkert ist. Diese ganze Bevölkerung lebt von dem, was der heimische Boden erzeugt, und was im Austausch für einen Ueberschuss der Erzeugnisse eingeführt wird. Die Summe der heimischen Producte stellt den Nationalreichthum dar. Je weiter der Ueberschuss der Bevölkerung über die für die Bearbeitung des Bodens und die Herstellung der wenigen Industrieproducte erforderliche Menschenzahl hinausgeht, desto relativ ärmer wird natürlich der Einzelne im Durchschnitt sein. Dennoch habe ich von einem eigentlichen Darben der Bevölkerung selbst in dem ärmeren Osten, auf den sich die von Tschifu aus gemachten Beobachtungen zu beschränken pflegen, nichts gemerkt. Nur in zwei völlig wüsten Strecken hatte ich (S. 145 und 154) eines bettelhaften Volkes zu erwähnen. Eine massenhafte Auswanderung

---

上　占领胶州湾并在此建立德国殖民地。

下　经济目的之二——山东经济状况描述：山东是个穷省，表现在山东居民大量外流以及工业落后上。

Die Zukunft und die grosse Bedeutung von Kiautschou
liegt in der Erschliessung des Inneren durch Eisenbahnen und i
der Ausbeutung der Kohlenfelder mittelst derselben. Durch si
ist Kiautschou bestimmt, die maritime Eingangspforte für eine
grossen Theil des nördlichen China zu werden. Diese Erkenntnis
gab Anlass zu dem Bestreben, diejenigen Linien, auf die es vo
Allem ankommt, vertragsmässig für deutsche Unternehmung z
sichern. Selbstverständlich handelt es sich an weitaus erster Stell
um Verbindungen mit dem Westen; die nach Osten stehen a
Bedeutung zurück.

Betrachten wir diese Linien einzeln.

1. Die Eisenbahn nach Tsinanfu, oder die Nord
bahn. — Die Bedeutung dieser Bahn ist klar, denn:

a) Sie verbindet Wéi-hsiën, den Knotenpunkt des Handel
und Sitz der ersten Häuser des Landes, mit Kiautschou

b) Sie durchzieht von dort aus reich bevölkerte, äusserst
produktive Gebiete am Nordrand des Berglandes und kan
vermöge dieser Lage an einzelnen Punkten den Verkeh
von den ebenen Landstrichen im Norden und von den
Bergland im Süden aufnehmen.

c) Sie verquert der Reihe nach die Zugangspforten zu alle
im Vorigen genannten, in das Bergland eingreifender
Buchten und kann auf ihrem ebenen Boden Ausläufer i
jede von ihnen entsenden. Dies sind: die Bucht von
Wéi-hsiën mit einem Kohlenfeld; die seidenreiche Buch
von Tsingtschoufu; die Bucht von Poschan, die ein grosse
Kohlenfeld ist und viele Industrie-Erzeugnisse liefert; end
lich die Bucht von Tschangkiu, die ebenfalls von einem
Kohlenfeld erfüllt wird.

d) Sie verbindet die Provinzhauptstadt Tsinanfu unmittelbar
mit der Küste.

e) Sie ist, falls sich eine geeignete Stelle für die Ueber-
brückung des Hwanghö finden lässt, der Verlängerung nach

*) Selbstverständlich handelt es sich, wenn weiterhin von Kiautschou die
Rede ist, nicht um die bestehende Stadt, sondern um den an dem Abfall des Lau-
shan neu zu gründenden Handelsplatz.

Fuhrleute, Gasthausbesitzer u. s. w. schafft. Man lasse ihn beson
ders denen zukommen, welche, wie die Schiebkärrner, in Unkennt
niss der mit der Eisenbahnanlage verbundenen grossen Förderun
des Kleinverkehrs, eine Schädigung ihrer Existenz befürchte
müssen. Ist einmal die erste Strecke vollendet, und erkenne
die Leute den praktischen Vortheil, so wird die Fortführung j
weiter desto leichter sein. Früher war der Eisenbahnbau i
China überhaupt nicht möglich, weil alle Klassen sich dagege
sträubten; besonders sollten, nach Angabe der Behörden, religiös
Vorurtheile der Bevölkerung und die überall vorhandenen Grab
stätten im Wege sein. Es hat sich gezeigt, dass die Föngschu
d. i. die Geister von Wind und Wasser, nichts mehr einzuwende
haben, sobald ein materieller Vortheil klar erwiesen ist, und das
die Ehrung der Todten ein Hinderniss nicht ist, sobald man de
Angehörigen einen kleinen, für alle Fälle festzusetzenden Betra
für die Verlegung der Gräber nach anderen Orten zahlt.

Für die Enteignung von Grund und Boden sind bei de
Eisenbahn in Tschili Erfahrungen gesammelt worden. Die Preis
für Boden schwanken innerhalb weiter Grenzen. Gutes berieselte
Gartenbauland bewerthet sich ungemein hoch, unbebautes Land
sehr niedrig. Hier kommt es darauf an, völlige Gerechtigkeit
walten zu lassen und den vollen Werth so zu zahlen, dass das
Geld den Eigenthümern wirklich zukommt, und nicht den Beamten
und Unterhändlern, die sich bald einfinden werden. Erhalten die
Eigenthümer nicht ihre Zahlung, so kann Erbitterung nicht aus
bleiben; wird sie ihnen nach gerechten Grundsätzen gewährt, so
werden sie Freunde der Unternehmungen sein.

Die Verwerthung der Kohlenfelder von Schantung.

Es sind in früheren Kapiteln die Kohlenfelder beschrieben
worden, so weit ich darüber Aufschluss zu geben vermag. Aus
führliche Darstellungen habe ich in China, Bd. II, S. 184 bis 211
gegeben. Eine Zusammenstellung findet sich an dem oben in der
Anmerkung auf S. 125 angeführten Ort. Meine Untersuchungen
können durchaus nur den Werth einer ersten flüchtigen Rekognos

---

上　经济目的之四——将来通过铁路发展内地、开采煤田以及发展工业时，胶州则将有重大意义。

下　经济目的之六——山东煤田的利用与开发。

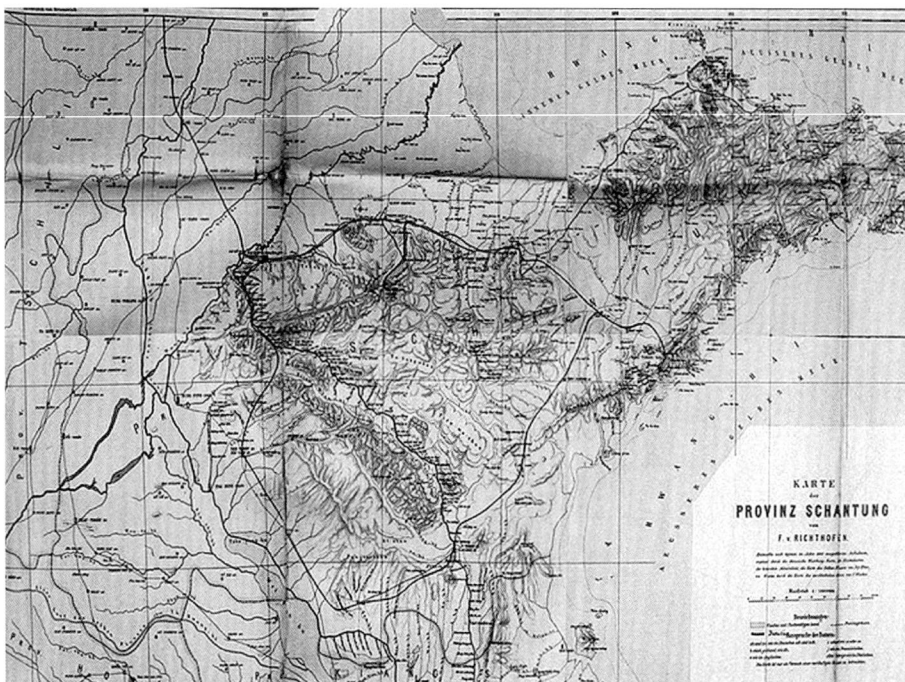

上 《山东及其门户胶州》中的山东地形图

下 李希霍芬在德国柏林出版的《中国地图册》，最早版本于1885年出版，
山东半岛地图上连浮山等地都有标记。（德国历史博物馆提供）

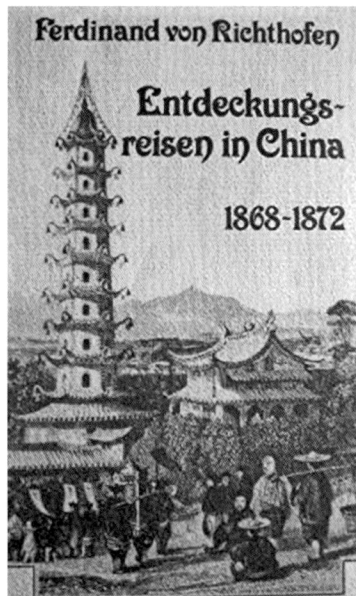

地學者傳

李希霍芬與中國之地質工作

翁文灝

中國學者於地質學之知識雖亦早已有所窺測並趨正軌，其時代或遠較歐洲新地質學之趨向爲未以為解釋。其初代或遠較歐洲新地質學之趨向爲未。例如中國古代即已知化石之成因與尖涼辭盞固有者今約論四近年來以明地理之歷史。歐洲地質學之，而終未加系統探討求以明地質學之史。

當李希霍芬完成其理論之時，譯雷氏者爲最盛說一書（Charles Lyell's "Principles of Geology"），正之最先譯成中文者係一八七二年所譯英人雷諾珂述

李氏之前，中國地質學所知極鮮，僅藉二三外輸報偶來顧察，如金斯雷察（Kingmill）之於北方是。造斯氏偉大之著作（Raphael Pumpelly）之於北方是。出，中國地質學之圖始於始晚然於世時，其設革今勤羅，亦有若干結論。斯文哈定博士（Dr. Sven Hedin）撰文，這面須予以修正。

記述李氏行狀及其事業，赤發表於此刊，人孫咸欣幸，斯氏乃李氏當足，對於中國地質學與地理學亦有大貢獻。

方志月刊　第六卷　第十二期　李希霍芬與中國之地質工作

三七

於李氏所示地質學者之觀察工作，毫無我縮，而皆努力研究。以李氏偉大之成就，爲其圭臬焉。

丁文江博士於中國地質學會誌第一號之發刊辭中引李氏及羅馬詩人泰納斯（Horace）之言有云：

「……中國責生性質渾鋸，無處不爲一切達取之障礙，而無以率其育有之偏見。此童觀該抄爲苦事，以地質學家之生活需有失人生之莊嚴。」

——李希霍芬「誠」㈠，㈡，頁三十八。

「試覽萬物皆有變。」——泰納斯「誠」㈠，頁三十八。

李希霍芬對於中國地質學之實著，實有傳於吾人之評論，且其對於中國地質歷史之墓本觀念，亦有須加以修正焉，蓋李氏偉大之成就基礎本之矣。

證以吾人今日之知識，李氏其他地質學家，往往不提及李氏著所刊，向在五十年之前，功績，偉人皆知，自無庸層層提及。

最近十五年來，吾人於地層學之知識較地質學之其他部分所得光多，地文學及構造地質學，自李氏之後，進步亦極起遠。斯氏乃李氏畜足，對於中國地質學與地理學亦有大貢獻。

方志月刊　第六卷　第十二期　李希霍芬與中國之地質工作

三八

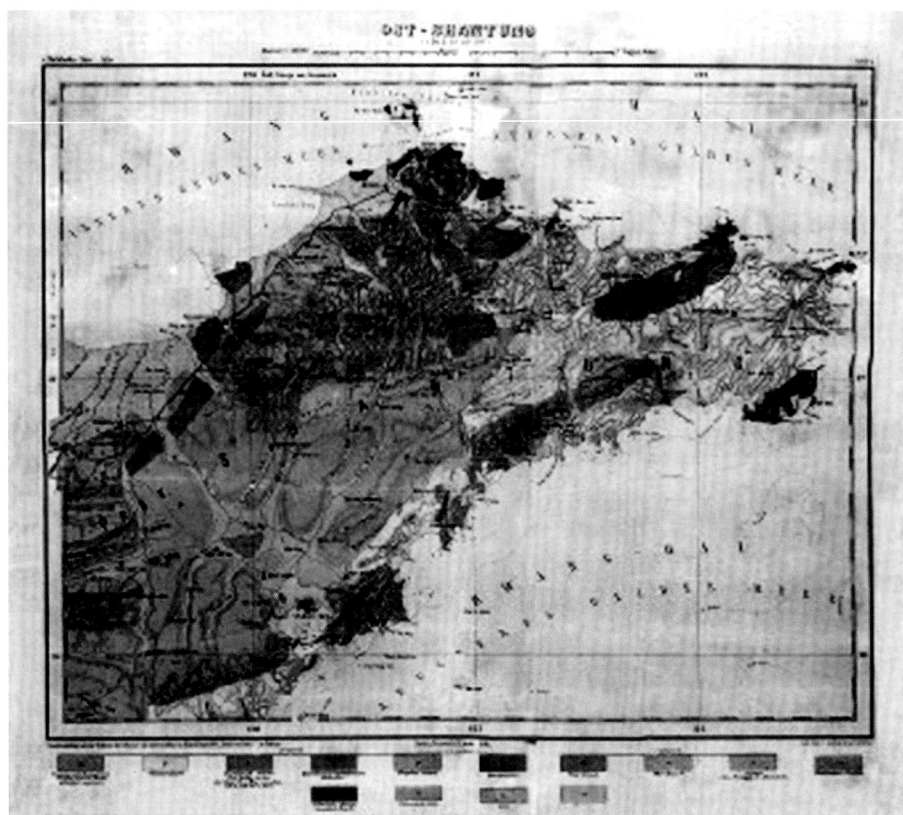

李希霍芬绘制的山东东部地图

On Tan tiau-ho. Past
May 11. 1870

ON THE ROAD FROM TUNG CHAU TO PEKING.

上 李希霍芬作于 1870 年 5 月 11 日的三条河关口的素描。（德国历史博物馆提供）

下 李希霍芬在通州至北京的马车上。（素描自画像）

二、窥视者——提尔匹茨（Alfred von Tirpitz）

　　1896年，德国东亚巡洋舰队司令阿尔弗雷德·冯·提尔匹茨奉命调查胶州湾和山东半岛的军事形势与经济情况，从而确认胶州湾是适宜的港口。

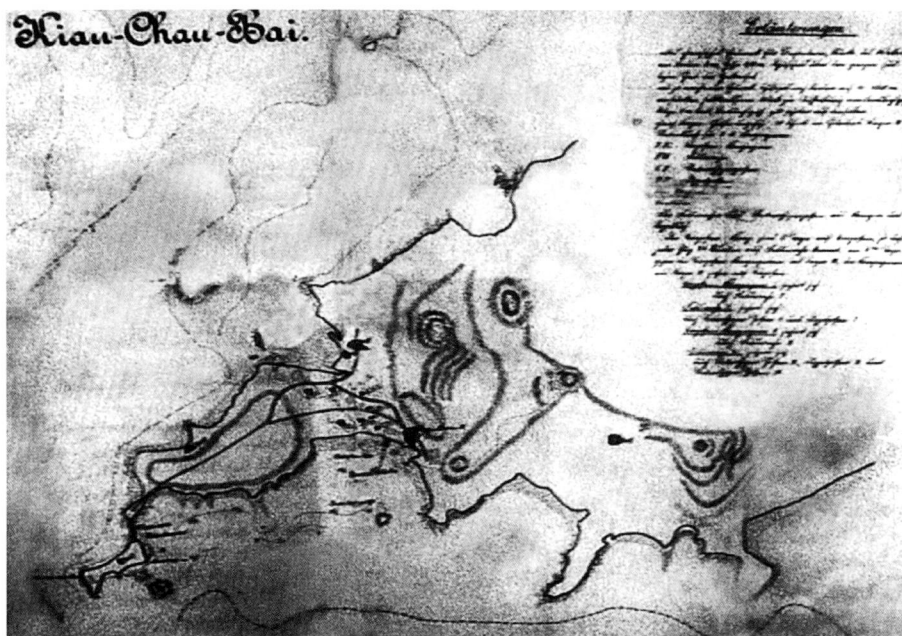

上　德国人于1896年绘制的胶州湾地图

下　德国东亚巡洋舰队司令提尔匹茨（1896）

der jetzigen Methode, nach welcher die Chinesen die
Kohlenadern abbauen, auch nicht gut erreichbar.

Wenn die Annahme richtig ist, dass China mit
dem Eisenbahnbau nicht mehr lange zurückhalten kann,
so würde der Weiterbau bis Tientsin und bis Peking
(ca 300 km) eine nicht ausbleibende weitere Etappe
für die Bedeutung von Kiautschau geben , welches
alsdann auch für die Provinz Shansi mit ihren ge-
waltigen Schätzen an Mineralien den ersten natürli-
chen Ausgangshafen bilden würde.

Der Tientsinfluss ist zu flach hierfür und friert
3 Monate im Jahre zu. Tschifu ist ein schlechter
Hafen und eine Eisenbahnverbindung nach dem Innern
wäre durch das Ost Schantung-Gebirge nur mit sehr
grossen Kosten und Umwegen zu ermöglichen. Die Eisen-
bahn von Kiau tschau würde auf ebener Fläche bis in
den Norden Chinas laufen. Die Distanz von Kiau tschau
bis zu der befahrenen Wasserstrasse bei Shantung
S O Promontory beträgt 120 km . (nicht 160 km, wie
es in Bericht S. M. S. „Irene, heisst.) Diese Distanz
würde ihre Bedeutung grösstentheils verlieren, wenn
die Annahme zutrifft, dass Kiau tschau Ausgangshafen
für ganz Nord-China wird. Die Distanz nach Shanghai
beträgt ca 380 km, desgl. nach Nagasaki ca 540 km.

Wie Euer Excellenz gemeigtest entnehmen wol-
len, fehlt es demnach nicht an Gründen, welche der
genannten Bucht von vornherein eine geschäftliche
Bedeutung bei ihrer Eröffnung zusagen und ferner
nicht an solchen, welche die Aussichten auf eine
erhebliche Zukunft möglich erscheinen lassen.

Der

ergeben muss. Eine Ausdehnung der Werke, wie sie
beispielsweise Wei hai Wei oder auch Port Arthur
erfordern würden, liegt aber für Kiautschau ganz
ausserhalb der Möglichkeit.

Die Etappen, in welchen sich der Stützpunkt ent-
wickeln würde, falls die Kiau tschau Bucht überhaupt
noch einmal in Frage kommen sollte, wären folgende :

1.) Festsetzung auf der äussersten Halbinsel,
Vertreibung der chinesischen Truppen durch die Schif-
fe der ostasiatischen Station soweit nach Innen als
den Raumverhältnissen nach räthlich ist.

2.) Nachschub an Marine-Infanterie bezw. Schutz-
truppen in der Stärke von 1600 Mann und 1 Kompagnie
Marine-Artillerie, provisorische Vervollkommnung der
bisherigen chinesischen Stellung. Kasernements bie-
ten die Lager.

Eröffnung von Kiau tschau ganz als Freihafen
oder mit niedrigen Zolltarifen, Fertigstellung einer
Landungspier bei Yomma Jeland. Eingehende Unter-
suchung der Dock- und Hafenanlagen und Betreibung
der Eisenbahn nach Weisien oder Tschi - nan - fu,
falls dies, wie freilich wünschenswerth, nicht schon
vor der ersten Handlung unsererseits hat geschehen
können. Anlage einer leichten Schanze oder eines
Blockhauses auf Shitai Halbinsel, mehr um das
Eigenthumsrecht auf der Südseite kenntlich zu machen,
als zu Zwecken ernstlicher Vertheidigung.

Einrichtung eines Kohlenlagers und eines kleinen
Marinedepots.

3.) Sobald die Hebung des Platzes in mercanti-
ler Hinsicht unzweifelhaft erkennbar ist, Schaffung

der

提尔匹茨《考察胶州湾报告》内文

三、考察者——佛朗求斯（Georg Friedrich Franzius）

1897 年 2 月 13 日，清廷批准在山东胶州海口建设船坞，屯扎兵轮，以资扼守，杜绝外人觊觎。

光緒二十三年西歷一千八百九十七年

德人佛朗求斯來東探查膠澳情形

先是黎希德和芬來東調查盛稱山東鑛產之富德政府繼派其東洋艦隊司令查批之提督一再探查山東情形及經濟狀況至是又派河海工程專家佛朗求斯來東詳密調查於膠澳之形勢面積氣候潮流水土性質人民風俗工商漁牧農林路鑛經濟狀況以及日後開商埠通鐵路築碼頭設船隖各項計畫甚詳後遂一一見諸事實

左　1897 年，德国派德国海军部建筑顾问、筑港工程师佛朗求斯调查山东港湾形势，他经过调查后确认胶州湾于军事上、经济上有重要价值。

右　《胶澳志·大事记》中对此记述，光绪二十三年（1897）德"又派河海工程专家佛朗求斯来东，详密调查于胶澳之形势、面积、气候、潮流、水土性质、人民风俗、工商渔牧、农林路矿经济状况以及日后开商埠、通铁路、筑码头、设船坞，各项计画甚详，后遂一一见诸事实"。

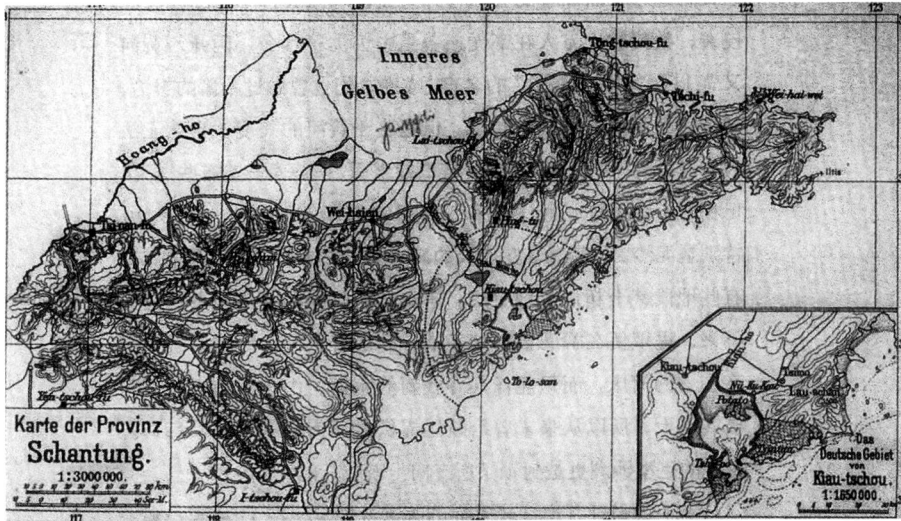

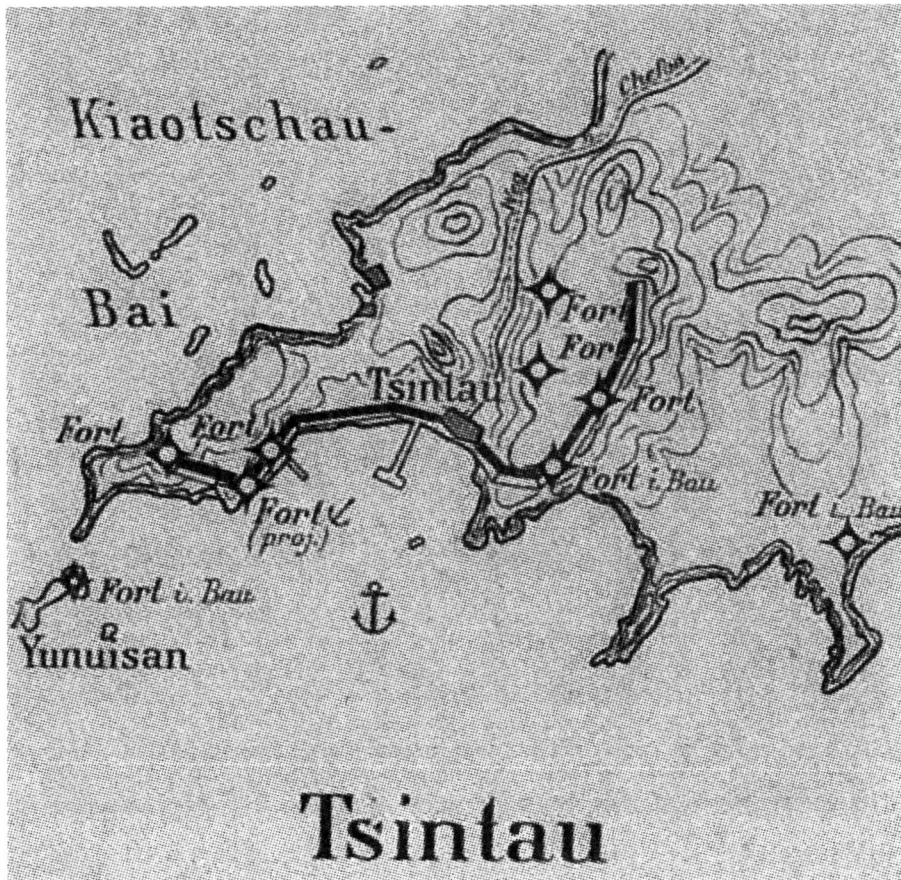

上　佛朗求斯 1897 年考察报告中绘制的山东地图

下　佛朗求斯 1897 年考察报告中的胶州湾地图

四、配合者——传教士

当时，传教士既是西方宗教文化的传播者，也是殖民文化的推行者，与西方武力侵略的坚船利炮互相配合，分别为"软""硬"手。

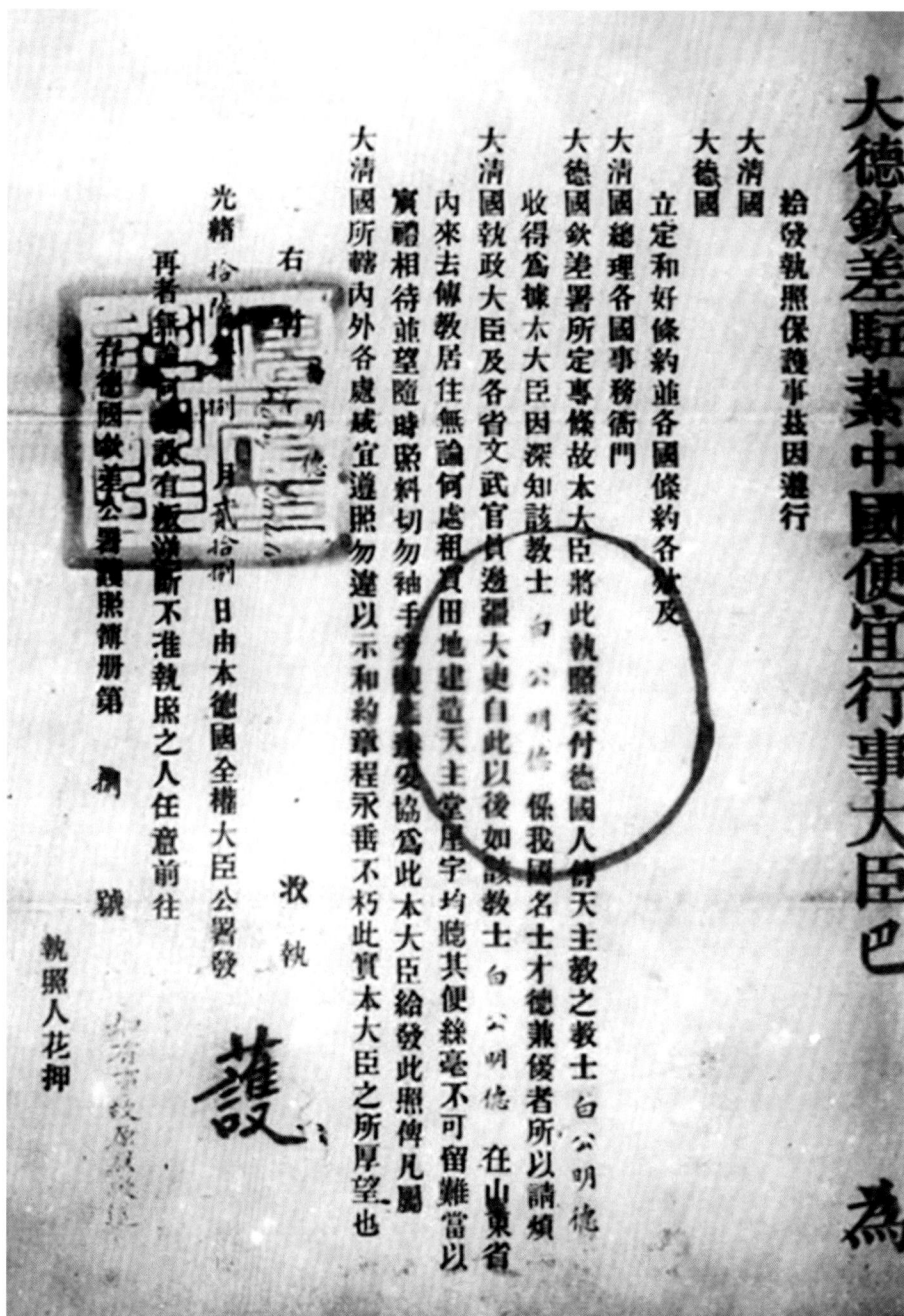

德国驻华公署发给德国传教士的护照

（二）德国宗教势力
的侵入山东

山东传教团及其活动

《山东及其门户——胶州》（第六章）
李希霍芬[①]著 1898 年柏林版

意大利方济各派教团

在欧洲人与山东建立贸易关系以前，天主教传教士的足迹
已经来到山东数百年了。在中国其他方面，他们也常常发挥着
特殊作用，进行着杰出的科学活动，特别是在绘画、天文和历
史研究等方面的成就，以及他们那些值得我们感谢的关于当地
风土人情的大量论述，都博得了人们对他们的高度重视，赢得
了应得的荣誉。这个期间，山东的传教士却在不声不响地进行
工作；人们对他们几乎毫无所闻。我来到他们主要的驻地——
济南府时，也没有听说过他们的情况。但是，我很快地就获得

上 《山东及其门户胶州》第六章的译文。从中可以看出德国宗教势力
　　已侵入山东。

下 即墨太祉庄的德国天主教会会址

上　在胶州王台观音堂的外国传教士

中　骑着毛驴的神职人员

下　旅途中的传教士

上　安治泰（John Baptist Anzer，1851—1903）于 1880 年来到山东，是德国占领胶澳的积极配合者。

下　安治泰在济宁州的官邸

上 坐在马车上的山东传教士，享受着清朝廷给予的特殊待遇。（德国历史博物馆提供）

下左 德国在山东的传教士薛田资（Georg Maria Stenz）是德国占领胶澳的积极配合者。

下右 牧师卡尔·温·格伦（Karl Wen Glenn）——瑞典派驻胶州的教会工作人员

上　牧师林博格（JE Greenberg）。这是他在地图上指着山东省的位置。

下　林奈尔夫妇（左）和林博格夫妇的合影

上　李安德（A. Linde）牧师和家人

下　牧师家庭合影

五、拍板者——德皇威廉二世（Wilhelm II）

1895 年，德国与俄国、法国逼迫日本将辽东半岛归还中国后（史称"三国干涉还辽"），也想在中国谋得利益。德皇威廉二世遂命东亚巡洋舰队司令提尔匹茨对胶州湾进行详细调查，之后又派筑港工程专家佛朗求斯调查山东港湾之形势，确认胶州湾于军事上的重要价值。1897 年，佛朗求斯在调查胶州湾后，提出了建设胶澳的详细报告。威廉二世更清楚地看到了胶州湾的军事和经济战略地位，下定决心进行侵略。

六、实施者——棣德利（Otto von Diederichs）

1897年，棣德利接替梯尔匹茨任德国东亚巡洋舰队司令，到任后认定，胶州湾能帮助德国实现在中国的最大军事和经济利益。为此，不断地做各种准备工作，待时机成熟时实施。

与俄沙皇尼古拉二世就德国拟侵占胶州湾和俄拟侵占旅顺、大连问题进行秘密会谈。

七、侵华前夕的准备工作

尼古拉二世（左）和威廉二世合影。1897年8月，德皇威廉二世在访俄期间，与俄沙皇尼古拉二世就德国拟侵占胶州湾和俄拟侵占旅顺、大连问题进行秘密会谈。

三六五〇号

外交秘大臣罗登汉男爵的记录
参事克莱孟脱男腕的清稿
柏林 一八九五年九月九日

帝国海军部要求两个军港,一个在北方,一个在南方。理想的是北方的舟山和南方的厦门;其次是北方的胶州湾和南方的大鹏湾;再其次是北方的菱岛和安所港(Crichton Harbour),南方的澎湖列岛。

别方面还没有提议其他地点。所以只有在这七处中选择。

在这七处之中,下列八处首先必须除外:澎湖列岛,因为它已经被日本占有;舟山,因为中国在一八四六年条约中已经对英国约定,不割让给任何第三国,而且现在也不可能希望英国——从现存的一切迹象上看来,它仍想念舟山——会被说服,好地放弃其权利。

厦门,据东亚巡洋舰队司令何甫孟提督(Admiral Hoffmann)的意见,符合作为战舰基地的一切条件,而且除了香港之外它是中国海岸上唯一能保护各种吃水量船只的海港。但相反地,巴兰德先生却声称,欲取得厦门有着几乎不可克服的困难,因为它是一个条约通商口岸。

大鹏湾,因为接近香港并位在飓风的主要路线上,所以不值得推荐。

欲取得菱岛,则俄国与日本必然坚决反对,正象它们当时反对英国占据巨文岛时一样。

所以唯一仅存的只有位于山东半岛东南岸的胶州湾一处。关于取得它的交涉比较最有成功的希望,因为在这方面我们只需与中国单独交涉。当然,它的缺点是它位于大陆上,因此也容易

96

与中国发生纠纷,而且还有一个情况。该岛只有当已有铁路网集中在都连一边——一象在计划中者——的时候,它才能变得有商业上有价值。据帝国海军部说,胶州的海港是宽畅的,且几乎对各个方向都能避风,但另一方面,因为其位于北方,冬季不是不冻港。

除了帝国海军部及巴兰德先生外,帝国公使绅珂男爵也把胶州湾是值得推荐者作为取得的一个地点。

胶州湾对于我们还有一个优点,即我们能从那里对山东省的许多德国天主教会给予有效的保护与支援。

既然我们的立场是想在阻力最小的地方努力,我们就应该争取胶州湾。

关于厦门——除了舟山外帝国海军部所认为价值最大的一处——我们仍可设法用一个肯定的取得财产的方式或一个暂时有限的占有权或管理权的方式,来克服取得鼓岛的困难。

罗登汉

三六五一号

外交副大臣罗登汉男爵致驻北京公使绅珂男爵 参事克莱孟脱草稿 甲一一号
柏林 一八九五年九月十五日
极密

阁下报告中也顺便提到的问题,即我们是否能利用东亚目前的政治情形在鼓处为我们的商业与舰队占领一个适当基地一点,在此间倒引起详细的讨论。这一目标本身,当然起初需要,但具体地采取步骤,暂时尚不可能。因为三国对中日战争的干涉禁止任何一国谋取特殊权利。不过,随着局势的进一步发展,使我们有机会提出我们合理的要求,似乎也不是不可能的。

因此,暂时此间所进行的讨论只是限于初步调查中国哪些

97

三六六五号

海军司令克诺尔[注一]的记录 清稿

柏林 一八九六年十一月九日

极密

与德璀琳的谈话于十一月三日举行[注二]。他表示如下:

胶州湾极值得德国争取,因为,(一)它的港口位置优越,不仅足以控制山东、且亦足以控制整个华北的进出口货物;(二)它的位置也有利于船坞及码头的设置,因为它离扬子江并不很远,而那里吃水深的船只却没有进船坞和修理的机会,至于在北方,更根本缺乏船坞;(三)它的后地资源丰富并有消纳力量。有煤、铁及其他矿产足资开采;(四)交通路线已经有了一部分,另一部分也容易修筑;胶州堪为一条到达北京的铁路的良好终点;(五)在体质与智力方面,这一地区的居民是全中国最优秀的;(六)气候完全适宜于欧洲人居住;(七)港内挖泥挖到足够的深度,也没有困难,因为土地到处都含有软土;只要黄河中大量泥沙土被带

118

《德国外交文件有关中国交涉史料选译》(第一卷)记录了侵占胶州湾计划。

至北直隶湾内，此处就无须顾虑新沙泥的淤积。

德璀琳先生认为，今多俄人也希望得到胶州湾作为它的海军过冬港之用，另外因为它的船只时常出入缺港，所以会装得好象它就是该湾的主人一样，但至于说该湾已经割让给俄国，则办不到，他曾得到权威人士确可靠的相反保证。他仍旧建议我们应考虑取得胶州。对这个问题，英国方面将不会有什么为难；因为英德在华的利益是一致的，英国将欢迎德国增加其华北的势力并反对俄国的势力。相反地，俄国势难同意胶州湾的割让，至少在中国没有割让给它一个同样好的停泊处，如大连湾之前，它不会就同意。

所以帝国公使应继续努力以取得胶州湾及其附近地区的割让为目的，但如果遇到强烈的抵抗时，他应不反对用租借土地的方式，这个租借应包括炮垒、码头及商务企业所需用的土地，并应要求开放胶州湾。

德璀琳的意见，因为德意志帝国对中国和对自己最有利的，就是避免一切足以进一步动摇目前中国不稳定状态的行动，所以因此也不应过分坚持中国直接割让土地，放弃领土主权；相反地，德国必须努力使中国政府产生一个德国正在支持它的印象。

德璀琳先生相信能保证，在德国将能等得上述企业所需的资本；他已经得到某些方面人士的支持，而且即将与工程师们一同出国，来替德国有志于此者效劳。他想和这些先生们于来年五月再往胶州湾视察并对地位问题作必需的调查。

在同时期内，接到了蓬洋舰队长铁毕尔海军提督的报告。根据其现地调查的结果，该报告对胶州商业发展的可能性一点提出了与德璀琳完全相同的意见。他肯定说，胶州湾开放后烟台大部分的贸易将移转到胶州，因此拉责于烟台方面的商人害怕这个地方开放。他又驳斥了当时帝国海军大臣所坚反对胶州

没有在某被得堡邸别被出之时被出，但是在欧兰塔大伯爵十一月八日的公文中才初次被发现（见乙三六九三号），因此他给在被得堡由欧兰塔的经手会见时经费不会很顺利事实而监同瑞典（Verels）的中家正见没有反驳欧兰塔的态度尤不足之法。外部对内还近不同家年的宣见只。据者国直相阿伦洛熙浩署一八九七年十一月九日来熟这场（Letzlinger）发往波外交遇大烈对发攻灵的意见，皇帝当时要何态度，他曾间一位学者关于投器这类法的意义，创这位学者未能作详细的解答；因为人口太少，谁料答案既想没有任何紊遇际外交学者解。结果，外交部多事无恶表起了十一月二十八日事等了一分法律草案经验验证法。另一点不涉及的是是告了我书五十八页上的原数，很国与联盟一个婚之间的配置，短视间题与英国得到保证，由于遇到了英国相与不民政方处的"放展"，文件中末没有给出。悬思期的最确温能与大误一八九七年十一月二十一日的通知。在这缺决十协通告首居之经有实观对在另一点上获得一个（见参考十三号，见八十四号，三三九九号）一八九七年五月初当时烟柏那井他政府的沙云百里彭（Lord Salisbury）表示遇了英德在中国得到一个基础的谅解时，沙云直庄至於以他知他是不屈别两地点我这国与沙云三霍国同政府的函面写"可说"，会会值己也拿不屈这目的向交涉并且此（参考十三号，八十六号，三八〇号）沙云尸不能随回响烟台图为与沙云三霍交政府两种地位不能被如果及，他误到约养仓里"可说"，会会提己已拿不屈二（参考十五号与那三八〇号号）这是我有文件证的被得堡外交的发访。据告所叙的最初温能知能得到过我因为文因不予让中国洪之波。据据上述，所以该不到不为因同不会这种坚触同中国时波波之波。

乙　一八九七年德国取得胶州

三六八六号

威廉二世谕外部电（译文）

新宫　一八九七年十一月六日

我刚才在报纸上读到山东省内受我保护的德国天主教会进一步遭受袭的消息。舰队必须采取积极行动报复此事。如果中国政府方面不立即以互款赔偿损失，并实行道歉及严办祸首，舰队必须立即驶往胶州占领该处现有村庄，并采取严重报复

144

手段。我现已坚决放弃我们原来过分谨慎而且被全东亚认为是软弱的政策，并决定要以极严厉的，必要时并以极野蛮的行为对付华人，以表示德皇是不可以随便被开玩笑的，而且和他为敌并不好玩。（注二）

请立刻电复同意，俾我可立即电令海军提督。

积极行动尤其是合适的。因为这样我可以使我的天主教人民——包括教会全权者在内——重新认识到我是关心他们福利的，而且他们能知我的其他百姓一样得到我的保护。

　　　　威廉

（注一）十一月四日两个德国天主教徒被杀于山东省巨野县。

（注二）威廉所写有关杀人的言词，一般是用以强调对中国需要更多一个原则和更坚决态度原想要更加速度，列强以达到了德皇希望中国公使向胶州提出要那明确的路的，对于中国人性格的了解，是当为他们只会被听被对行为的不会被软弱坚决表示的。（参考乙三六六大号及三六八七号，下十页以）。

三六八七号

皇帝侍从译电员法兰生（Franceson）致外部电（译文）

新宫　一八九七年十一月六日

关于今日的电报。

皇帝陛下欲拍发下列电令给提督：

"吴欧　狄特立克斯提督（Admiral von Diederichs），请立刻率领全部舰队驶往胶州，占领那边过大的地点与村屯，并用您认为任何合适的方法都要完全破坏，最端的努力是必要的。执行目的地严守秘密。威廉。"

　　　　法兰生

三六八八号

帝国首相阿伦洛熙浩奏威廉二世电·抄稿

145

《德国外交文件有关中国交涉史料选译》（第一卷）记录了侵占胶州湾计划。

巨野教案前《国闻报》有关德国在胶州活动的报道

上 爱新觉罗·奕䜣（1833—1898），道光帝第六子，咸丰帝异母弟弟。
　　咸丰元年（1851）被封为恭亲王，咸丰十一年（1861）被起用为总理
　　各国事务衙门大臣。

下 总理各国事务衙门由奕䜣建议设立，简称"总理衙门""总署"或"译
　　署"，是清朝廷为办理洋务及外交事务而特设的中央机构，标志着
　　中国近代外交机构的萌生。

鸦片战争后帝国主义列强瓜分中国的示意图（德国历史博物馆提供）

第五章　德占胶澳

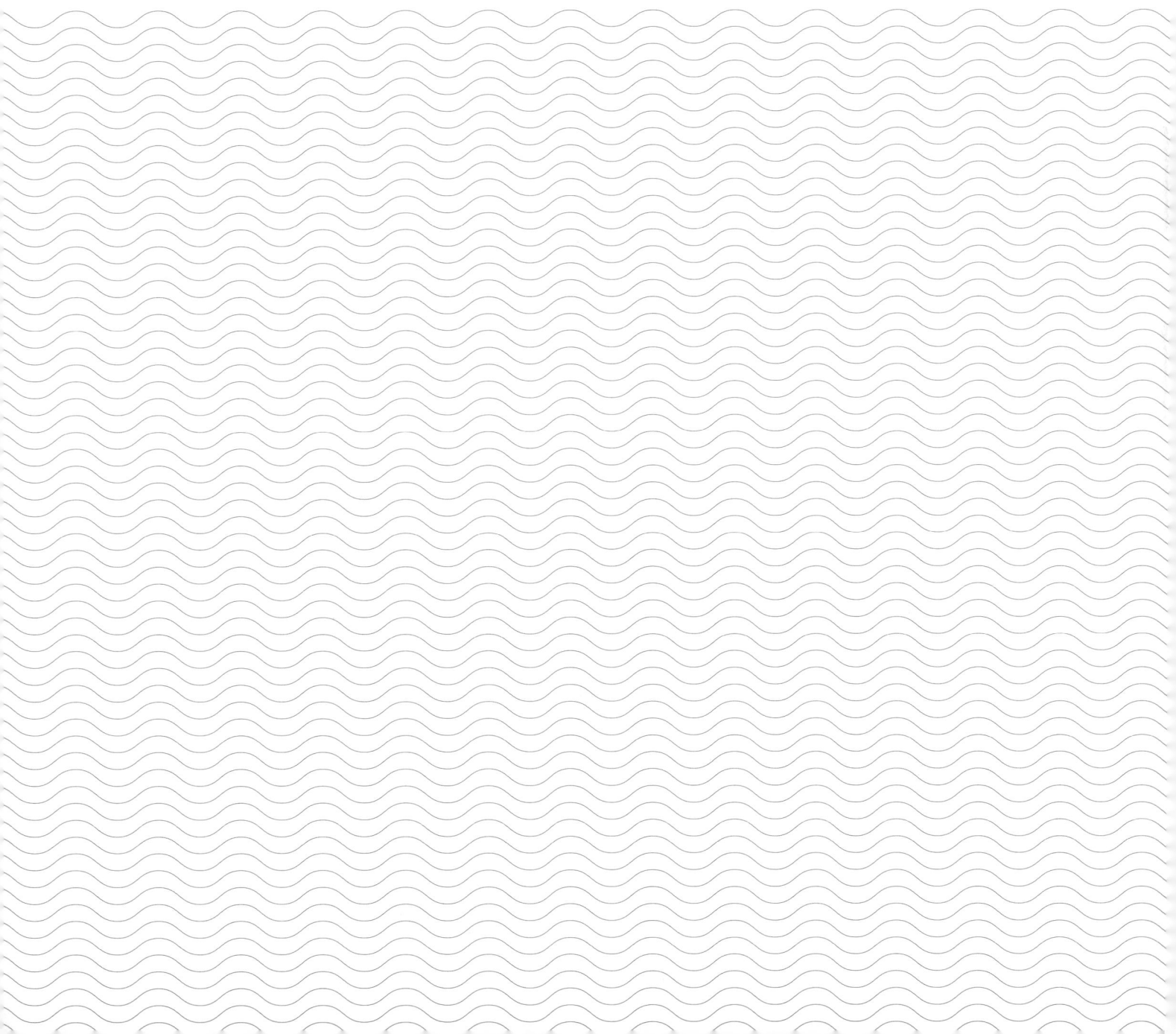

第一节　巨野教案

巨野教案是德国侵占胶澳的借口，是中国近代史的重大转折点，决定了即墨仁化乡这片边远海隅之地未来的发展走向。它既是一个孤立的偶发性刑事案件，也是帝国主义列强近代侵华战略企图的必然结果之一。

一、教案发生

案发地位于今山东省菏泽市巨野县磨盘张庄村内。

1897年11月1日夜，一伙手持匕首、短刀的人闯进磨盘张庄教堂，将能方济（Franz Xaver Nies）、韩理加略（Richard Henle）两名德国传教士杀死。能方济、韩理加略因去兖州天主教堂总堂，路上借宿于张庄教堂，张庄教堂神父薛田资（Stenz Georg Maria）让二人在上房下榻，自己住进院门耳房。行凶者本意是杀薛田资，不料杀了能方济、韩理加略二人。这就是闻名世界的巨野教案。

山东巨野张庄教堂。教堂及附属建筑系巨野教案发生后，德国人用清廷赔款重建。

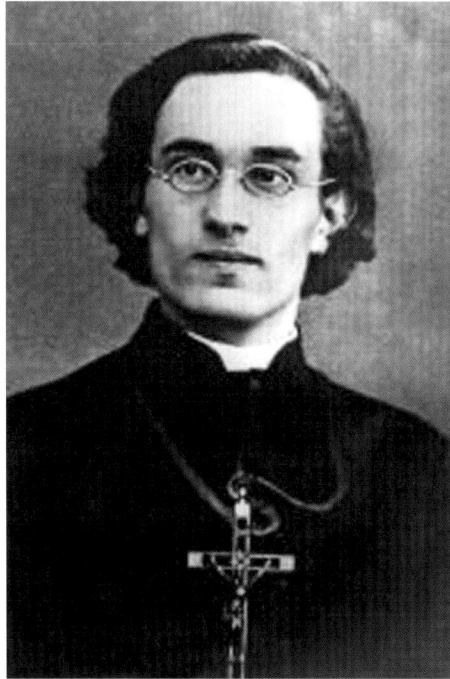

上　张庄教堂的传教士住所

下左　韩理加略

下右　能方济

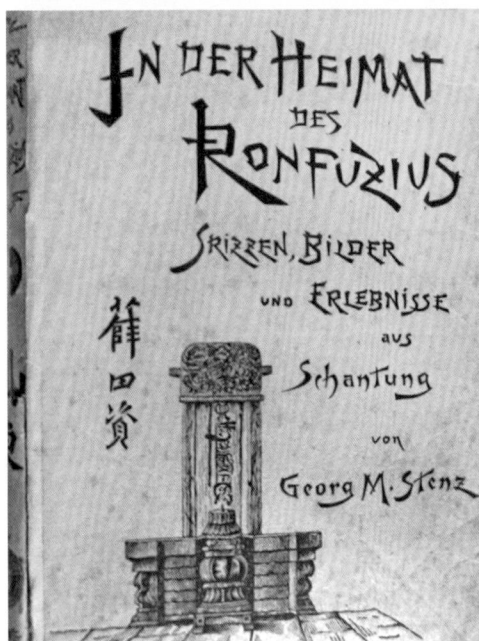

上 张庄教堂传教士薛田资发现能方济、韩理加略被杀，当夜仓皇逃往
   济宁，电告德国驻华大使并转德国政府。

下 薛田资在其出版的书中讲到巨野教案。

上 巨野教案发生后，山东圣言会会长安治泰主教立刻前往柏林，向德
国皇帝威廉二世建议："如果德意志帝国真的想在东亚取得一个属地，
并重新巩固我们几已扫地的威信，这将是最后一个机会。"

下左 韩理加略、能方济两教士墓地

下右 能方济墓碑拓片

二、处理过程

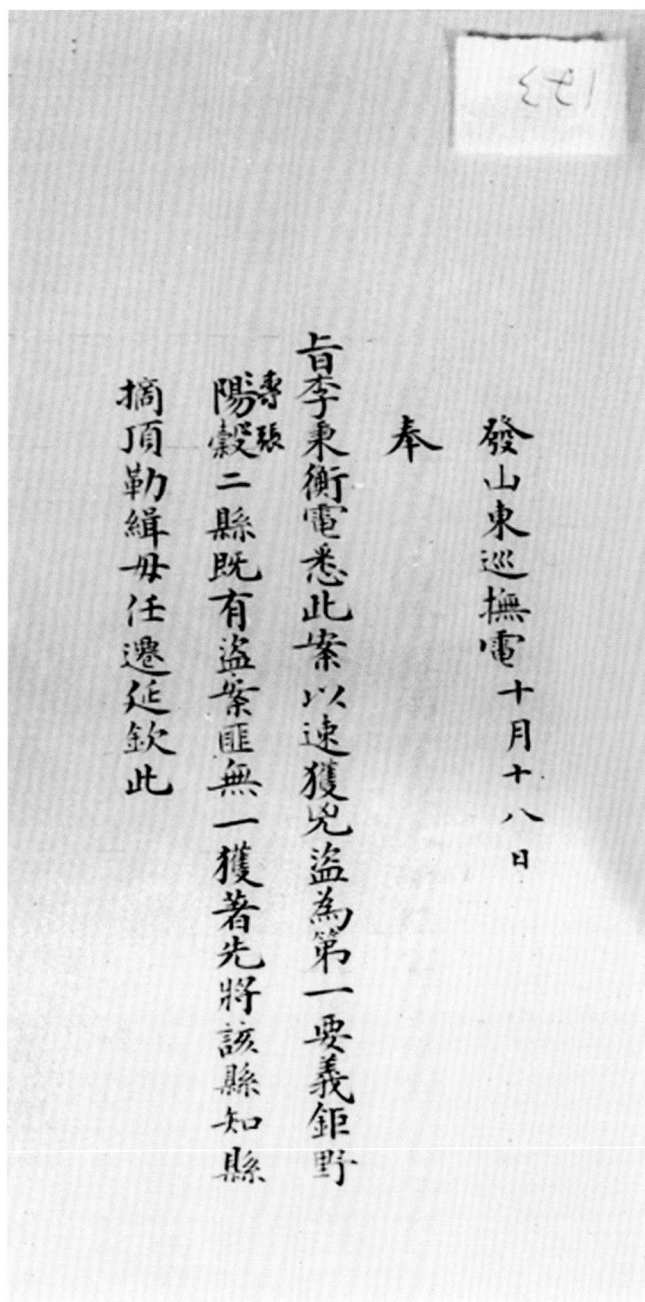

清廷处理巨野教案的指令。总理衙门电李秉衡，先获凶犯，因此项"盗案"将阳谷、寿张两县知县摘顶。

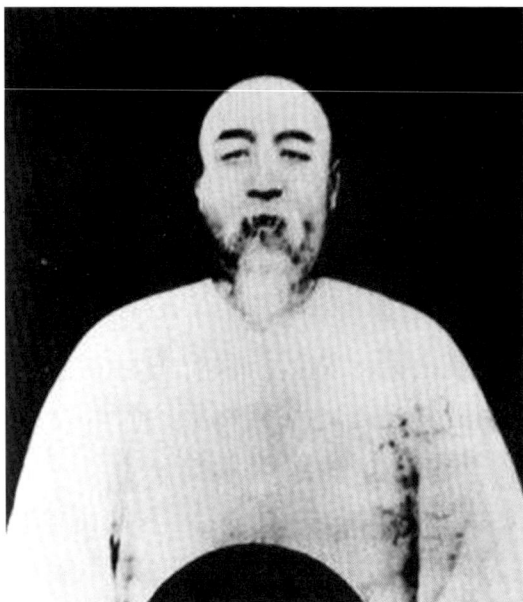

上　李秉衡（1830—1900），时任山东巡抚。

下左　1898 年 1 月 18 日《国闻报》，登载"更正教士被杀经过"。

下右　1897 年 11 月 19 日《国闻报》，登载曹州教士被害经过、清廷要求"顾
　　　　全大局"的消息。

山東教案詳誌

山東曹州鉅野縣土匪滋事傷斃德國教士二人東撫李中丞未卽奏報德國公使往湖北接該國領事電信因卽將情電詢總署并報該國政府而我國駐德公使許竹篔待耶亦卽由德發電回華以此顚末詳詢總署朝廷以事關重大嚴旨責問東撫從速乘公查辦并飭令俟延宕雨下而德國已派兵船二艘駛行來華於本月十九日抵膠州海灣下椗有兵官一員率道守將處防會勦四十八點鐘德兵船章鼎已總成高元桂四殺焚不得已將全省嘗帶退數十里駐紮而德兵卽入而難為按我宇教民係曹州地界之事而德兵所根乃在膠澳其將有挾而求耶抑將借此發端以償其大欲耶俟有訪聞再行登錄

——本館譯誌

《国闻报》刊登的"山东教案详志"

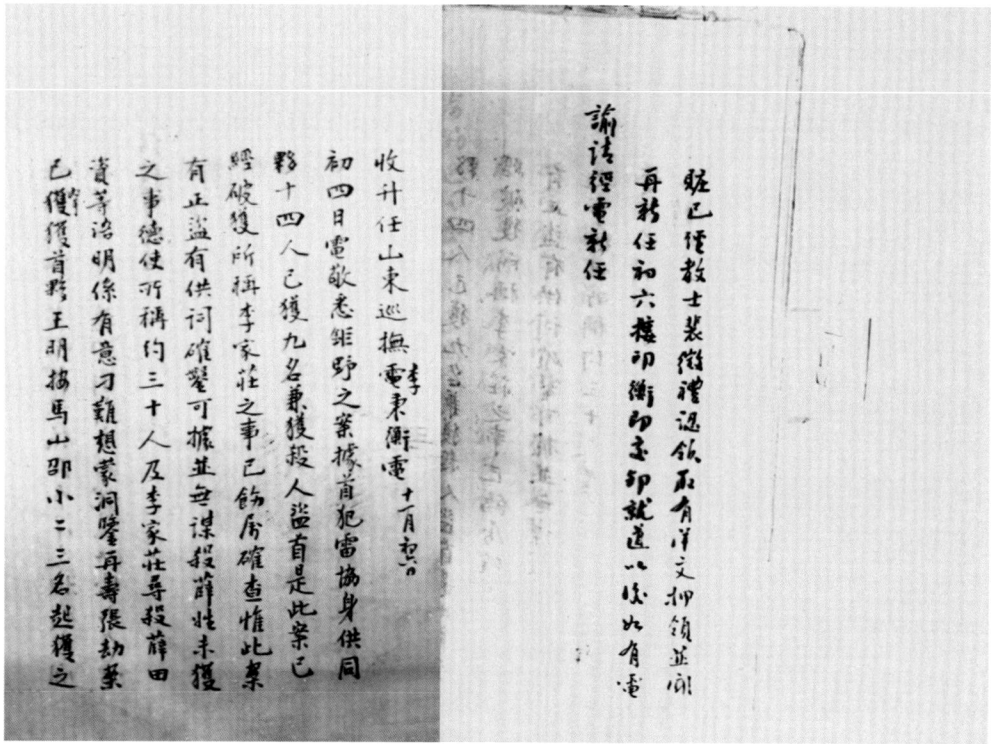

上　时任山东巡抚的李秉衡回复巨野教案的电报

下　山东南部州官谕令保护教会的告示

巨野教案后，用清廷赔款建的巨野县城教堂正面与侧面

三、借此发难

德国大主教安治泰在山东传教时，通过德国使馆向清廷要求官阶。1893年，
他得到了三品顶戴，次年又获得二品顶戴，官阶与中国总督、巡抚平行。
他积极充当德国侵略山东的谋士，鼓动德国侵占胶州湾，入侵日照和兰
山县（今临沂），勒索教案赔款。1903年，安治泰卒于罗马。

上　青岛以安治泰命名的公寓

下　德国海军总司令柯诺尔（Ernst Wilhelm Eduard von Knorr）"关于占
　　领胶州湾准备情况"的报告

上 1897 年 11 月 6 日，德皇威廉二世以巨野教案为借口，命令其海军立即侵占胶澳。后又致电沙皇尼古拉二世（Николай II），称德国已派舰队开赴胶州湾。

下 沙皇尼古拉二世立即回电德皇威廉二世："我既不赞成也不能反对你派遣德国舰队到胶州去，因为我只在近来才知道该海港仅在 1895—1896 年暂时属于我们。"

130

M. 7. 11. 97 6⁶/₂₂ mm.
Schr.

Gebühren: Telegraphie des Deutschen Reiches. Befördert den / 189
ℳ Pf. Uhr ℳ. mitt. in'Ltg.
nommen durch: von an durch
mit ℬ. 189 den / um Uhr Min. mitt. /

Telegramm
Sr. Majestät des Kaisers und Königs.

Chef Marine Cabinets
Marine Cabinet Berlin
Telegramm an Admiral Hoosung kann abgehen
da laut Mittheilung aus Petersburg auf
Kiautschou keine Ansprüche mehr geltend gemacht
werden. Habe Reichskanzler davon Mittheilung gemacht
Wilhelm

德皇威廉二世给德国海军部"占领胶澳"的电报

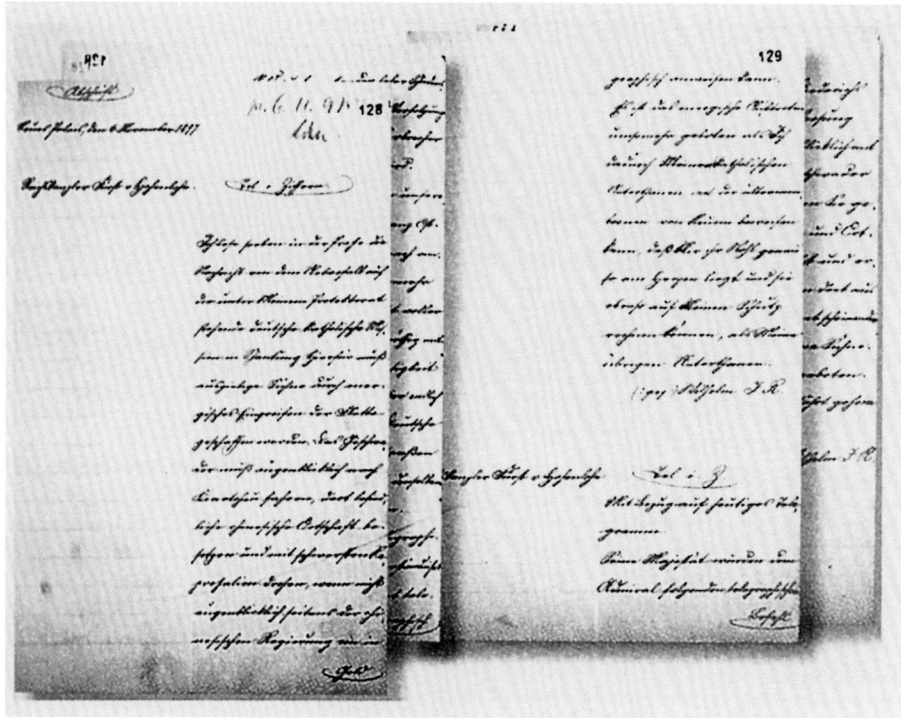

德皇威廉二世命令停泊在上海的德国海军东亚巡洋舰队司令棣德利率舰队驶往胶州湾，占领适宜的地点和村镇。

第二节　兵舰抵达

巨野教案发生五天以后，德国皇帝深夜电令东亚巡洋舰队司令、海军少将棣德利做好准备。得到德国皇帝命令后，棣德利少将很快带领舰队从上海出发，对外声称赶赴日本，起航北上往胶州湾方向进发。11月13日，舰队驶抵胶澳，11月14日在栈桥等处登陆。

一、偷袭

德意志帝国东亚巡洋舰队司令、海军少将棣德利带领五艘军舰侵犯胶澳，制造了"胶州湾事件"。

德意志帝国东亚巡洋舰队旗舰"皇帝"号及舰长蔡耶（Zeye）

德意志帝国东亚巡洋舰队"威廉王妃"号及舰长都禄沛（Oskar von Truppel）

上 德意志帝国东亚巡洋舰队"鸬鹚"号

中 德意志帝国东亚巡洋舰队"伊伦娜"号舰长奥本海默（August Obenheimer）

下 "伊伦娜"号在青岛南面的外海担任警戒后援。

上　德意志帝国东亚巡洋舰队"阿科纳"号舰长贝克尔（Becker）

下　"阿科纳"号在青岛南面的外海担任警戒后援。

上　1897 年 11 月 13 日，德国东亚巡洋舰队出现在胶州湾南面的外海。

下　德国画家描绘德军舰队驶进胶州湾的情景。

上　扼守在胶澳出海口的德国军舰

中　当德军舰队驶向胶州湾的时候，法国、俄国、日本兵舰也在前海栈
　　桥附近的海面上虎视眈眈。

下　停泊在前海海面的德国军舰

二、登岸

1897 年 11 月 14 日晨七时，全副武装的德军七百余人强行登陆，迅速占据市内各山头险要位置和军火库，并将炮口对准清军大营。

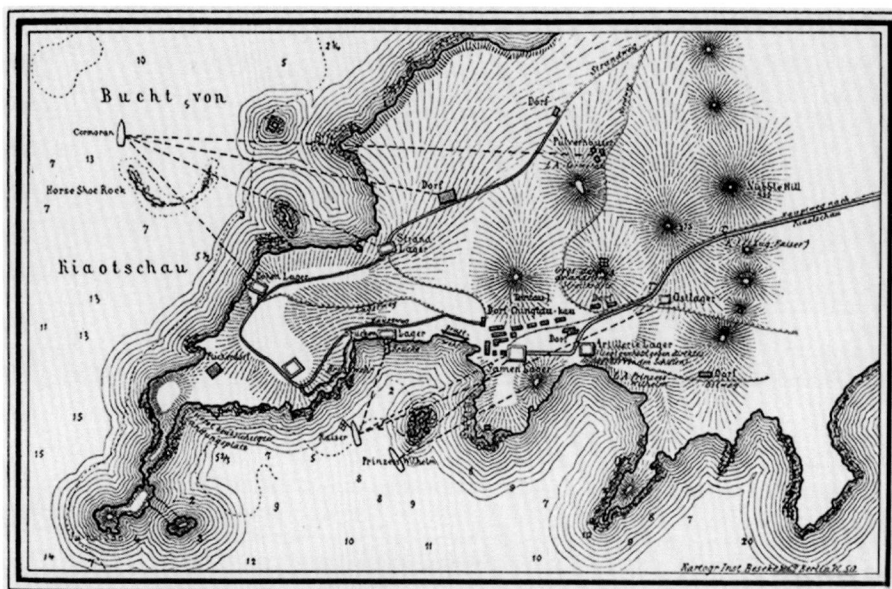

上 1897 年 11 月 14 日，德军占领胶澳的海上攻击图

下 德国画家根据描绘所创作的 11 月 14 日登陆油画（现存于德国历史博物馆）

上左 1897 年 11 月 14 日，德国军队在胶澳强行登陆。图为德国军队的登陆指挥官蔡耶。

上右 后接任的德国军队登陆指挥官施笃本·劳赫（Karl Rudolf Felix Stubenrauch）

中 德国军队在前海沙滩列队。

下 德国军队乘坐小船，在前海进行登岸演习。

上　德国占领军在前海栈桥上

下　德国东亚巡洋舰队旗舰"皇帝"号的航海日记详细记录了德国舰队
　　侵占胶州湾的过程。

上　德国人绘制的占领胶澳的油画（德国历史博物馆提供）

下左　《国闻报》刊登德国军队于 1987 年 11 月 14 日在胶澳登陆的告示。

下右　《时务报》刊登德国兵舰于 1897 年 11 月 14 日占据胶州（即胶澳）
　　　的告示。

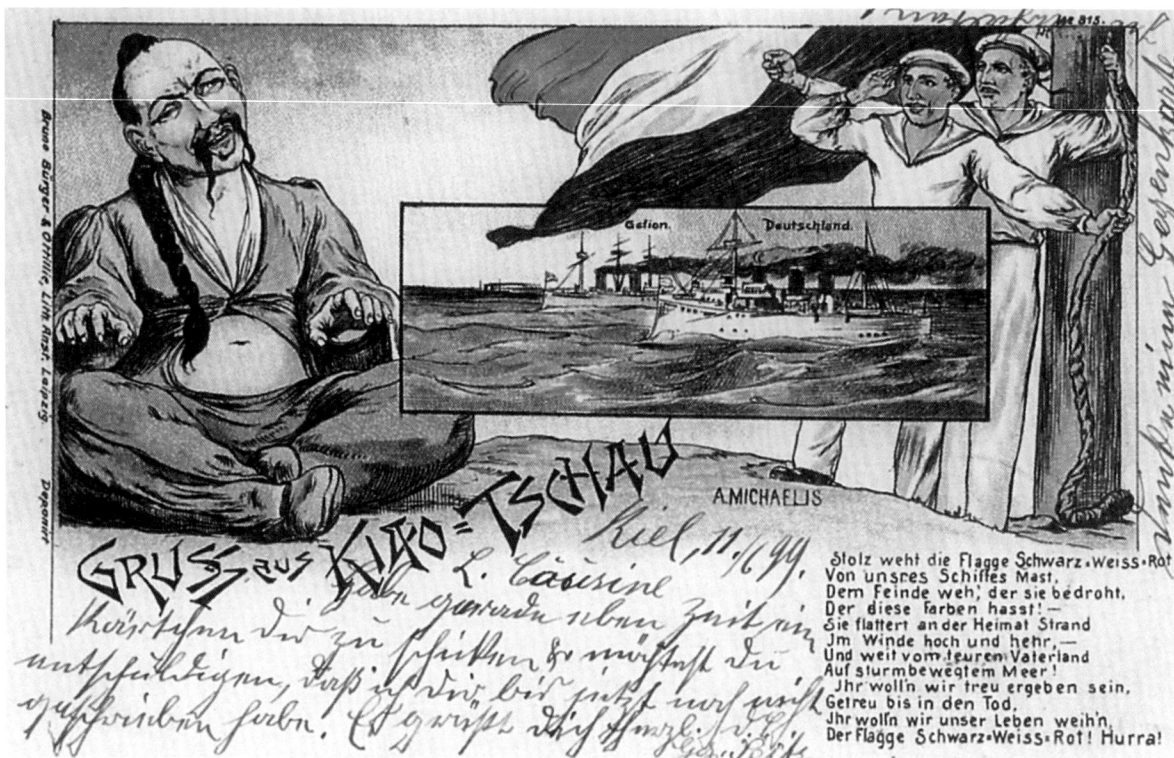

德国发行的漫画明信片——驶向胶州湾的德国军舰及舰上的德国士兵

第三节　清廷退让

　　登陆后，德军即向清军发出照会，限清军下午三时退至女姑口及崂山以外。清军守将章高元陷入两难：战恐开兵端，撤恐擅离职守。无奈只得于限定时间内退兵至四方村。

上　章高元的部队于 1897 年 11 月 14 日下午三点撤离驻防地。此图描绘了德军登陆抢占胶澳的情景。

下　德国漫画明信片"德国军舰来了"，嘲笑清朝官员、军队的腐败无能。

收北洋大臣电 十月二十一日

光绪二十三年（1897）十月二十一日，北洋大臣电称：德国棣提督率德兵侵占胶州湾。

発山東巡撫電十月二十一日

馬電悉今日北洋電德兵船三艘駛入膠島聲

言停泊數日其爲藉端吶喊可知午後德參贊

來其勢洶洶本署告以山東勒限半月擊匪知

縣已摘頂此外本出意外只有趕緊正兇結案

該參贊言應使日內可到先以到時婚商馬電

既以拏犯務望飛供迅辦先電復簡

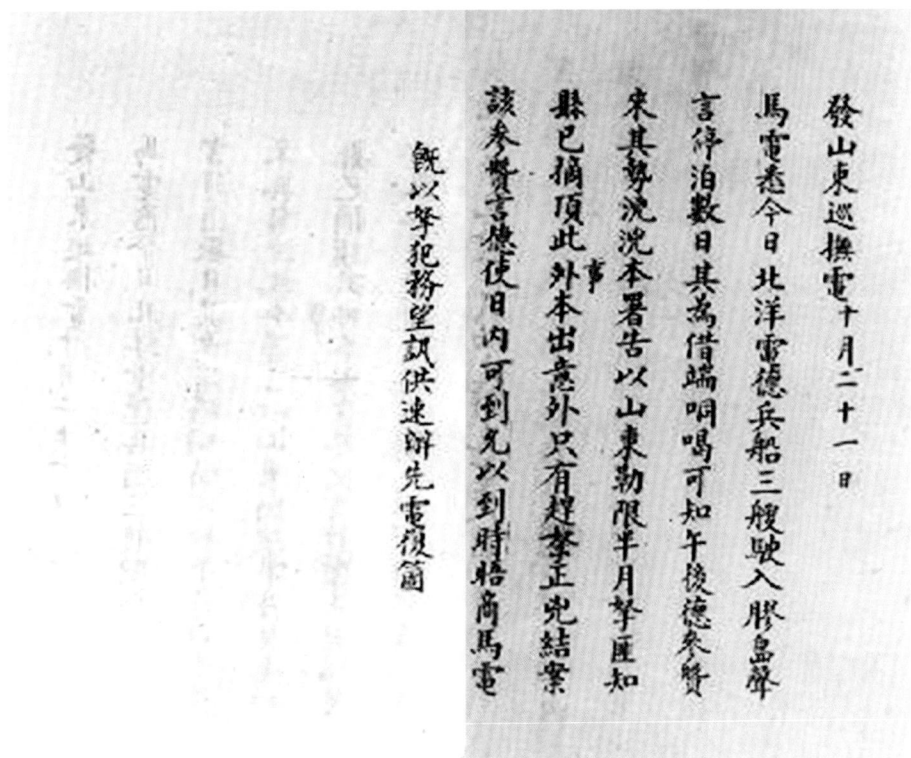

上　德国明信片——胶州湾告急

下　光绪二十三年（1897）十月二十一日清廷发给山东巡抚的电文

上　德国军舰停泊在栈桥附近。

下　光绪二十三年（1897）十月二十二日，山东巡抚李秉衡电：德兵登岸，
　　侵胶防营，实难理喻，非与决战不可。

德国人眼中驻守胶州的清军指挥官

上 光绪二十三年（1897）十月二十二日，发北洋大臣、升任山东巡抚电："德国图占海口蓄谋已久，此时将藉巨野一案而起，度其情势，万无遽行开仗之理。惟有镇静严扎，任其哃喝，不为之动。断不可先行开炮，致衅自我开。"

下 德国士兵眼中的清朝军队，简直不堪一击。

上　在前海岸边集结的德国军队

下　停泊在小青岛附近的德国军舰

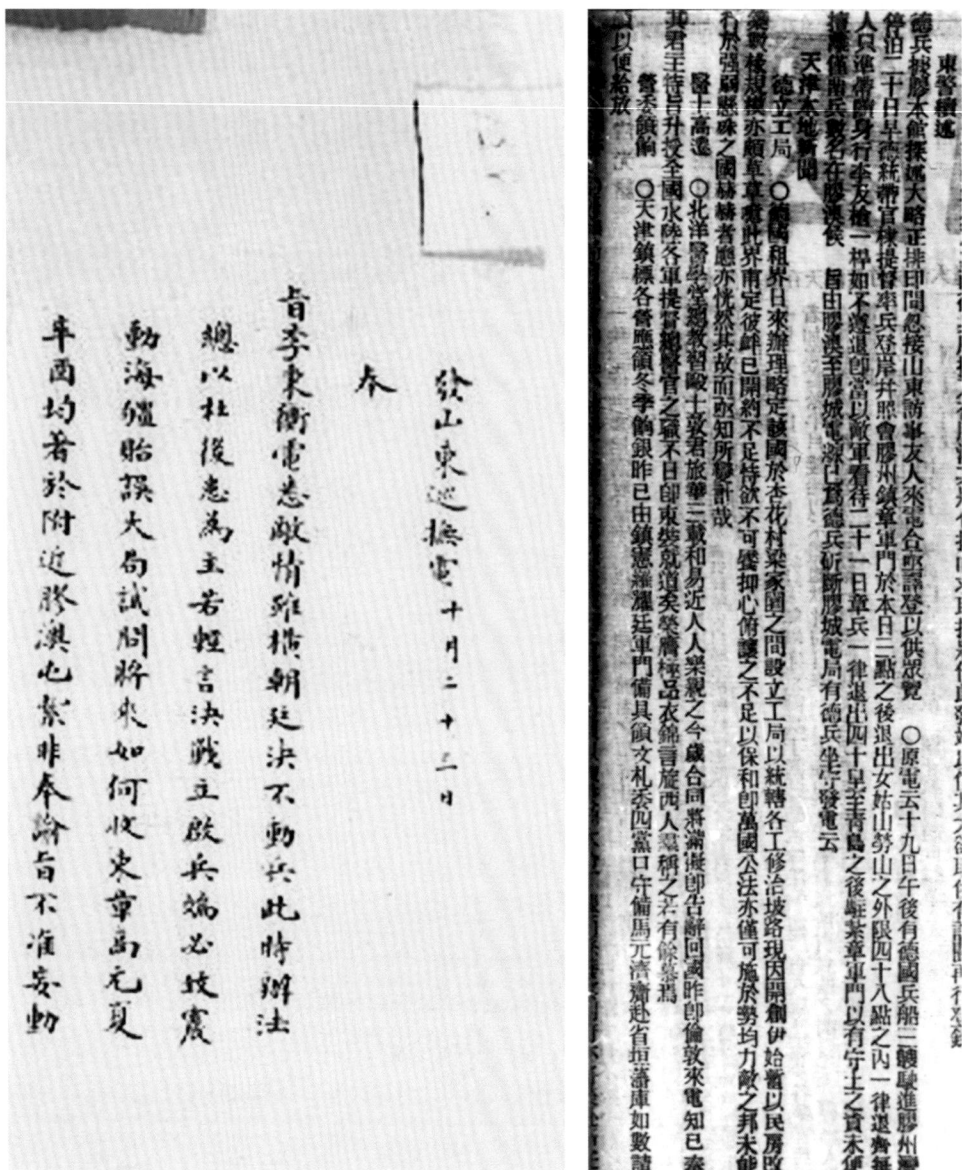

左 光绪二十三年（1897）十月二十三日发山东巡抚电："李秉衡电悉敌情虽横，朝廷决不动兵，此时办法，总以杜后患为主。"令章高元、夏辛酉于胶澳附近屯扎，非奉旨不准妄动。

右 《国闻报》1987年11月18日报道：章高元退四十里，德兵斫断胶城电局。

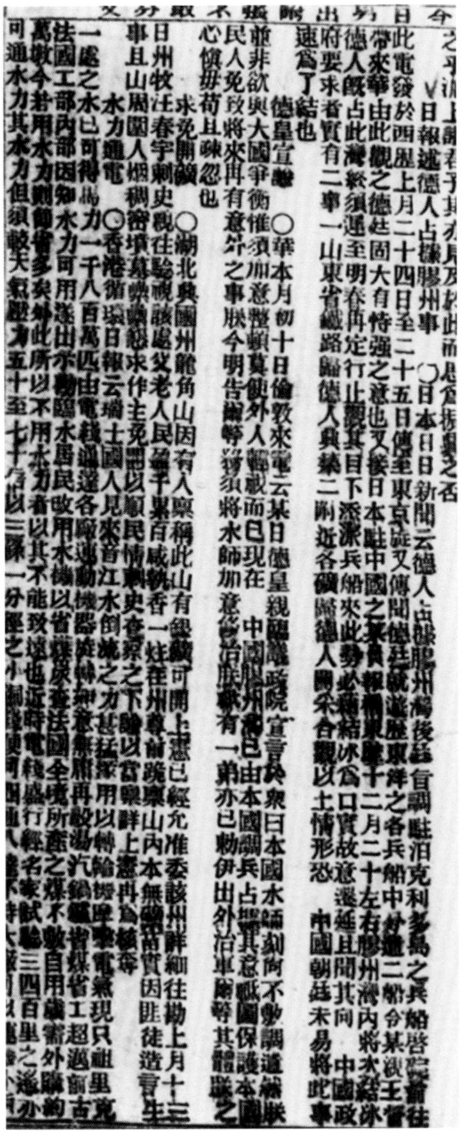

KIAU-TSCHOU

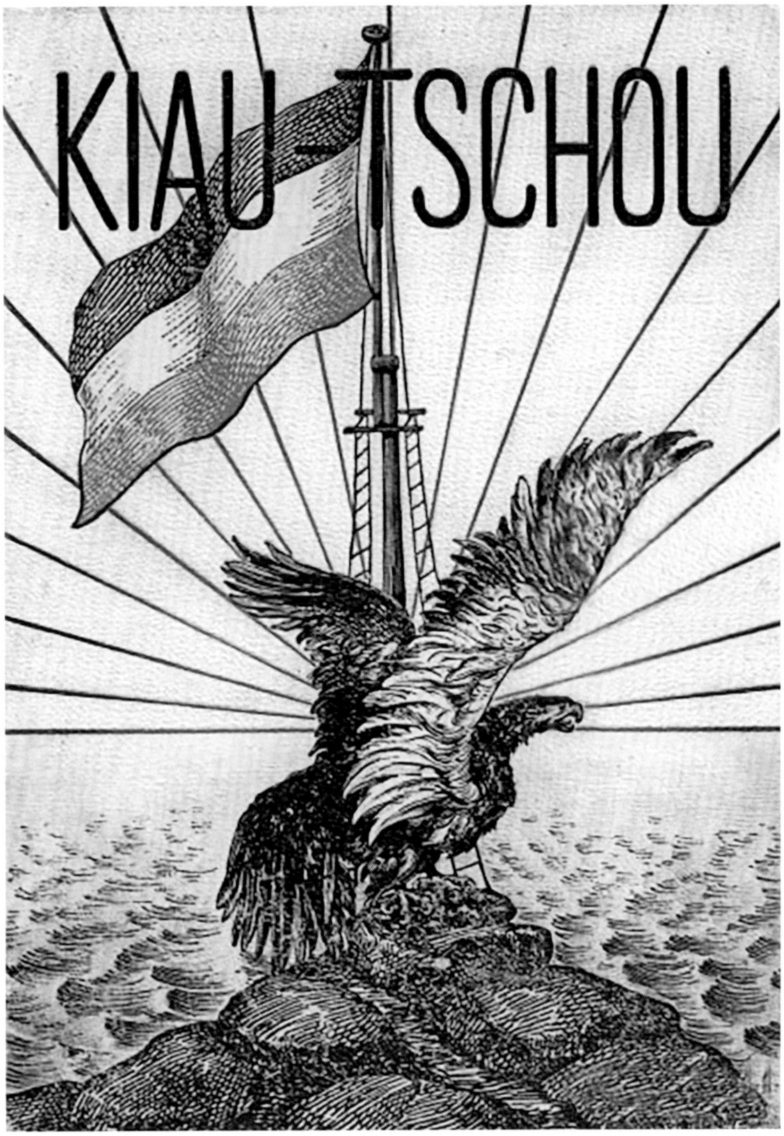

左　《申报》1897 年 12 月 5 日报道：上月二十四日至二十五日，德国调遣驻泊克利多岛兵船赴胶。

右　德国出版的《胶州——德国东方殖民地》一书封面

第四节　德军占领

一、占胶澳

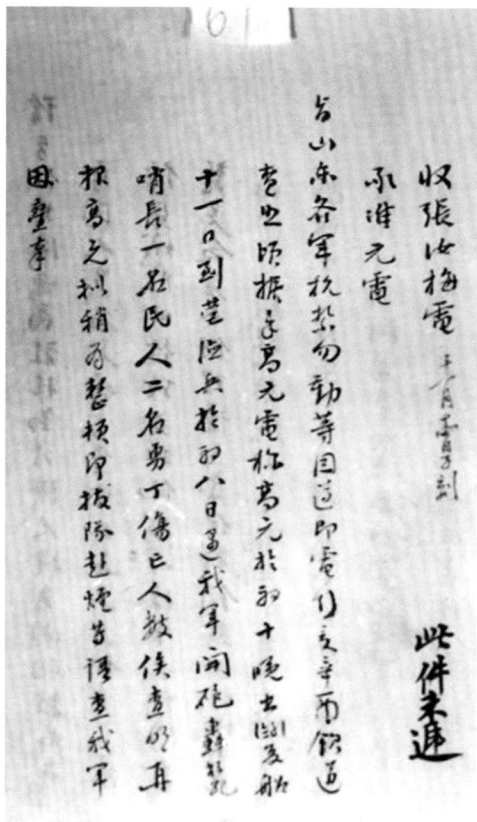

左　山东巡抚张汝梅。巨野教案后，山东巡抚李秉衡被罢免官职，张汝
　　梅接任山东巡抚。

右　光绪二十三年（1897）十一月十四日，张汝梅电，撤退的章高元部遭
　　遇德兵炮击，"轰毙哨长一名，民人二名，勇丁伤亡人数待查"。

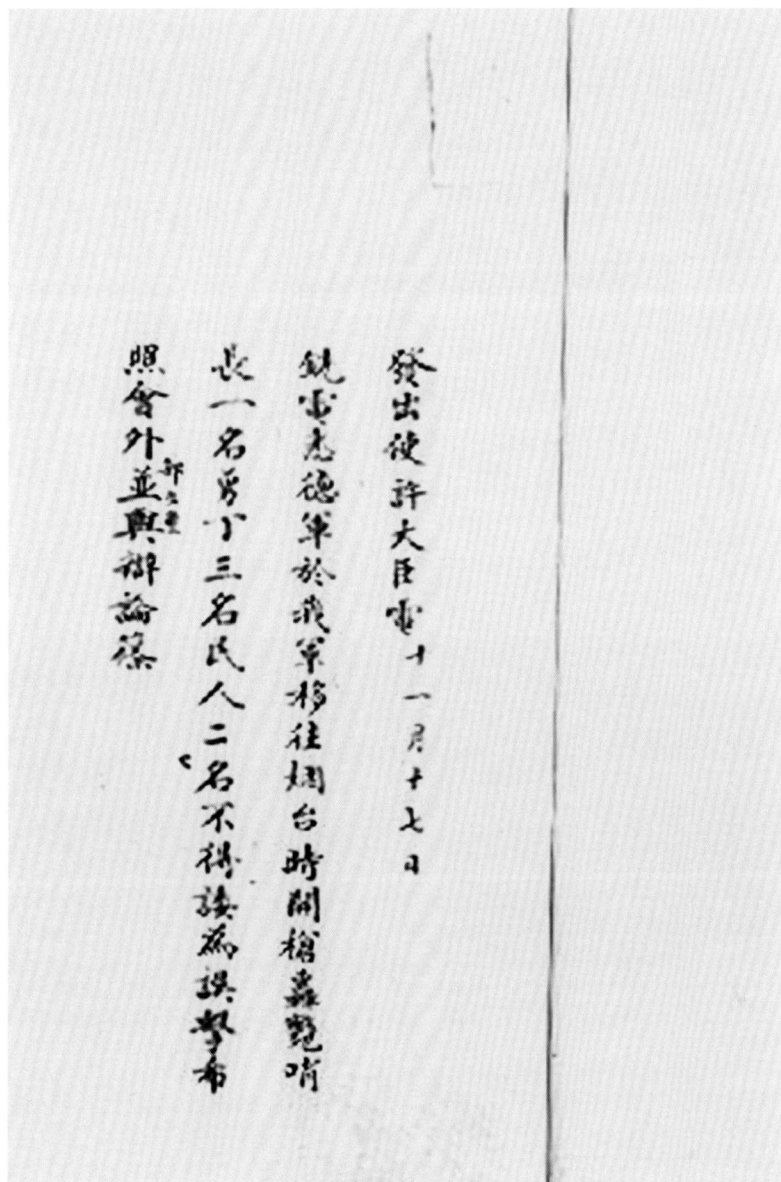

光绪二十三年（1897）十一月十七日发出使许大臣电："德军于我军移往烟台时开枪，轰毙哨长一名、勇丁三名、民人二名，不得诬为误击。希照会外部……"

德军缴获章高元军队的大炮

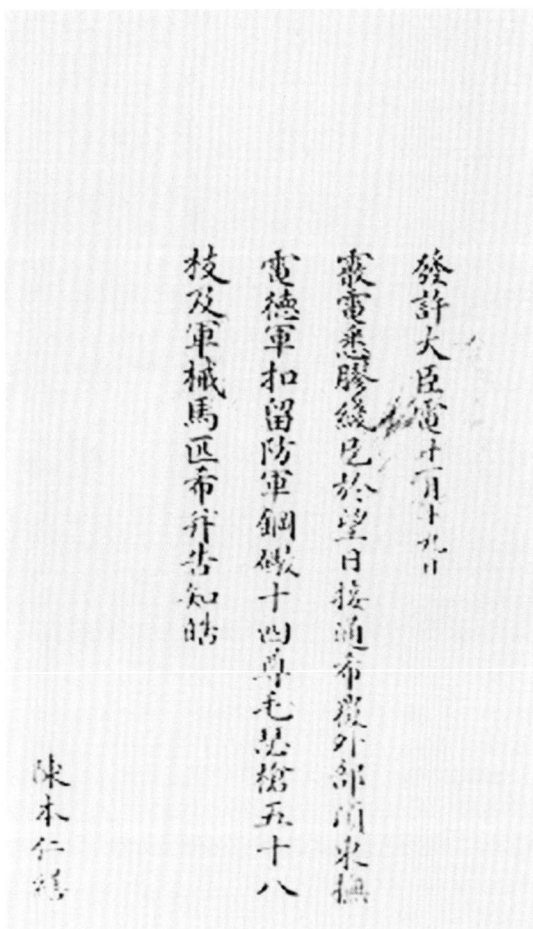

上 清军兵营大门外的德国军人

下 光绪二十三年（1897）十一月十九日，发许大臣电："德军扣留（胶澳）防军钢炮十四尊，毛瑟枪五十八枝（支）及军械马匹。"

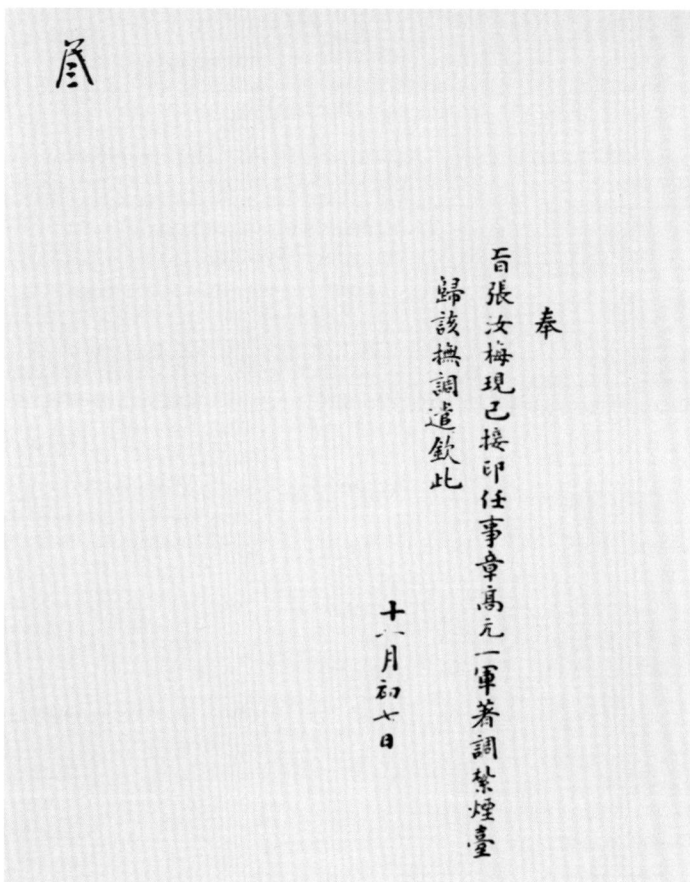

上 德国军队占领总兵衙门、炮台、兵营后，军乐队奏响德国国歌，庆
祝攻占胶澳。

下 光绪二十三年十一月初七日（1897 年 11 月 30 日），章高元奉旨率
部撤离胶澳，调扎烟台。

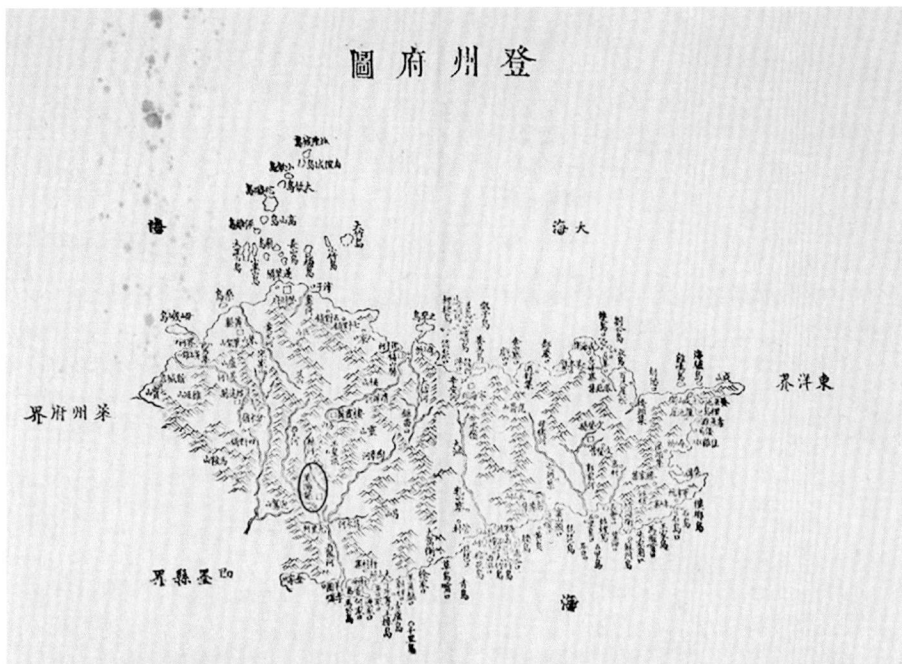

上 清朝时的登州府图。青岛建置之初，登州总兵章高元奉命率军队驻防胶澳。德国强占胶州湾后，章高元奉旨率部移驻烟台。圈内的登州为现在的莱阳。

下 清末前往莱阳执行军事行动的清军部队（德国历史博物馆提供）

德军占领总兵衙门后，在照壁前升起德国海军旗。

被德军占领的胶澳总兵衙门

上 原总兵衙门成为德国总督临时办公地。（德国历史博物馆提供）

中 在总兵衙门高地上观望的德国军官

下 德军在总兵衙门照壁前的合影

总兵衙门照壁前的德国军人

德国军人与当地老百姓在总兵衙门照壁前合影。

上　德国军人在总兵衙门照壁前合影。（德国历史博物馆提供）

下　德国军人爬上总兵衙门照壁合影。（云志艺术馆提供）

总兵衙门门口的德国军人

总兵衙门门口的德国军人

总兵衙门门前的德国军队（云志艺术馆提供）

总兵衙门门前的德国军队（云志艺术馆提供）

上　德国军队占领清军兵营。（云志艺术馆提供）

中　德军占领后的清军骧武前营大门

下　兵营门口的德国军人

德国军人在营门前合影。（上图为德国历史博物馆提供）

上　德国军人在清军嵩武中营大门合影。

下　德国军人在清军东营合影。

上　驻扎德国军队的清军兵营

下　德军占领后的清军东营

上　德军占领后的清军炮营

下　清军军营被占领后，德军在兵营大门处设置了两个哨兵岗亭。

上　德国军人在东营内院合影。

下　德国军人入驻清军东营。

上　德军占领清军东营后，建立了俾斯麦兵营。

中　德国军队占领清军兵营后，在营门口合影。

下　德国军队占领清军嵩武中营后，在营门前立起岗亭。

1897年12月6日《申报》登载：德国屯重兵于胶州，意在同其他列强争霸。

上左　胶澳德国海军第三海军营第四连士兵服

上中　胶澳德国第三海军营夏常服肩章正面

上右　胶澳德国第三海军营夏常服肩章背面

中左　胶澳德国第三海军营四连列兵朔伊布勒（Schäuble）姓名条

中右　胶澳德国第三海军营三连士兵识别号码牌

下　德国第二海军营从军证

上　德军占领后的天后宫

下　德国军人与青岛村村民的合影

上　在兵营东侧小广场上的德国军人

下　德军占领后的青岛村街道

上　青岛村里的德国海军士兵

下　德军占领后的青岛村露天集市

上　德国军人与青岛村村民的合影

下　青岛村为德国人服务的商铺

上　乡村的屋舍（德国历史博物馆提供）

下　树林中的坟地（德国历史博物馆提供）

上 德国人在李村的王氏家族墓地观看石人像。（德国历史博物馆提供）

下 郊外的墓地（德国历史博物馆提供）

德国军人在沙子口村的街道上。（德国历史博物馆提供）

上　沙子口海边的寺庙（德国历史博物馆提供）

下　德国军人走在姜戈庄的路上。（德国历史博物馆提供）

上　姜戈庄村里的街道（德国历史博物馆提供）

下　姜戈庄村民在整修道路。（德国历史博物馆提供）

上 姜戈庄村内街道（德国历史博物馆提供）

下 东流水村，位于现崂山水库附近。（德国历史博物馆提供）

德国人与太清宫道士的合影（德国历史博物馆提供）

上 崂山的青山村一角（德国历史博物馆提供）

下 崂山的青山港湾（德国历史博物馆提供）

上　青山村的村民在岸边修筑码头。（德国历史博物馆提供）

下　村庄里的德国军人

第五章　德占胶澳　／　4　7　9

德国海军在前海进行登陆演习

德军登陆前海的军事演习（德国历史博物馆提供）

德军登陆前海的军事演习（德国历史博物馆提供）

上　德军登陆前海的军事演习（德国历史博物馆提供）

下　德国军队在崂山登岸

上 德国军舰在胶澳海面上。

中、下 德国军队举行阅兵式。

二、掠胶州

德军侵占胶澳后，清廷电示章高元，令其"度其情势，万无遽行开仗之理。惟有镇静严扎，任其恫喝，不为之动。断不可先行开炮，致衅自我开。"清军奉电令后，又迫于德军压力，不断撤兵。德军步步紧逼，同时派兵进胶州城掠夺物资。

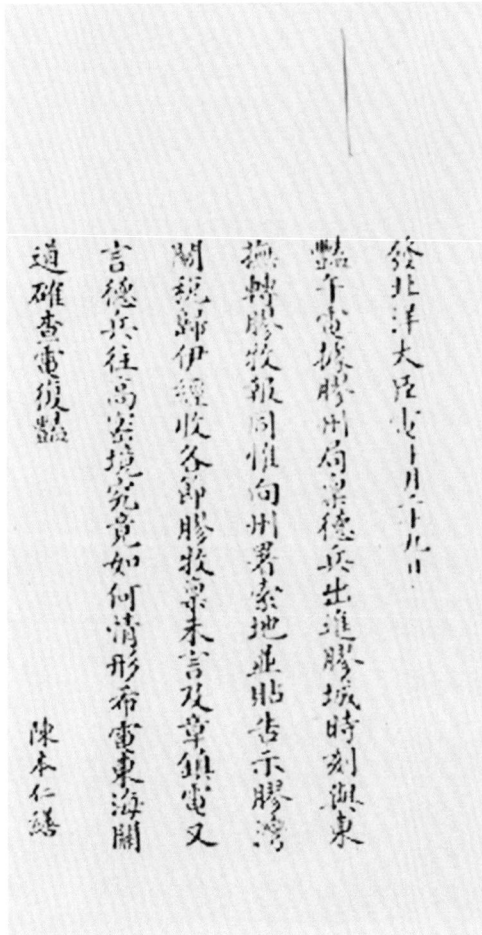

左 光绪二十三年十月二十九日发北洋大臣电："德兵出进胶城……向州署索地并贴告示，胶湾关税归伊经收各节……"

右 1897年12月8日，《申报》报道：德军调陆战队进入胶州城，强占胶州城。

上　德军在胶州外城阜安门的合影

下　在胶州外城永安门的德国军人

1897 年 12 月 9 日，《申报》报道：德人陆续调兵赴胶州。

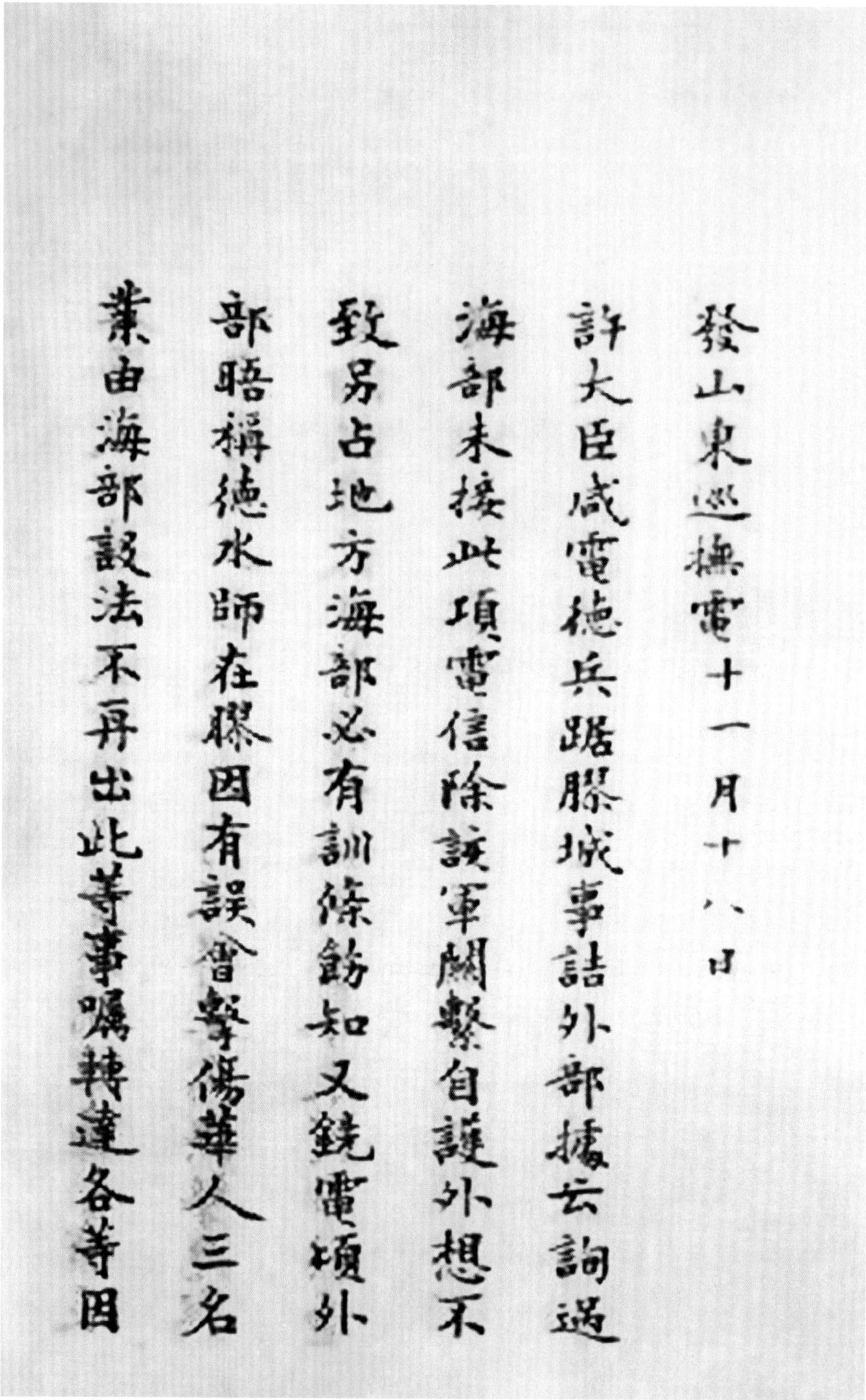

發山東巡撫電十一月十八日

許大臣咸電德兵踞膠城事詰外部據云詢過

海部未接此項電信除議軍艦繫自護外想不

致另占地方海部必有訓條飭知又鏡電頃外

部聘稱德水師在膠因有誤曾擊傷華人三名

業由海部設法不再出此等事囑轉達各等因

光绪二十三年十一月十八日发山东巡抚电："……德水师在胶因有误会击伤华人三名……"

上　在胶州内城镇海门的德国军人

下　胶州内城东门里，德国军人和当地百姓站在阳光照射的墙边。

不能越俎代謀我惟辦理我國之事而已從前所云添設水師一事刻已將章程變議院核議矣

開仗傳聞 ○西字報云某日德人占據膠州灣之兵船相率駛膠州城進發城外相距不遠之處有一砲臺上守兵開砲攻擊因相距過遠彈力不及德兵並未受傷既而德兵迫近砲臺槍砲齊舉守臺兵即聞聲退去德兵遂將砲臺據而有之臺上有一武員經德人叱辱繳語揮令遠避至膠州灣統領章鎮軍本被德人留在水師統領座船茲兵士六名乘馬送至五里外縱令歸去當占據砲臺時德人雇禪臣洋行龍門輪船裝運軍火糧貨之類刻已將龍門交還禪臣改作[illegible][illegible]輪船裝運矣

武林火警 ○杭州訪事友人云本月初九日戌正五轉忽聞人聲鼎沸疑公火警趕[illegible]起視但見東北隅火光熊熊各義龍方欲[illegible][illegible]隊出門而火已漸息次日探知下城東街張御史巷北首某姓草屋因燈燼遺火致兆焚如僅燒去茅舍數間蓋該屋左右均係空場不致延燒別處也水龍到者寥寥無幾惟是處地近大倉故防軍營勇及保甲局員俱聞警即至城守張鎮戎亦前來彈壓以防搶火 ○十二日午前門富三橋某酒店因作午炊不戒於火延燒[illegible][illegible]鄰[illegible][illegible]霎時間即冒穿屋頂東衝西突吳回氏銳不可當保甲局及文武官員俱飛馳而至水龍洋龍亦先後齊集取水灌救是處地當闤闠店鋪如林幸龍夫奮力施救得即息滅南則至某公館牆門止北則至金剛寺前止計共焚去坊屋三十餘幢

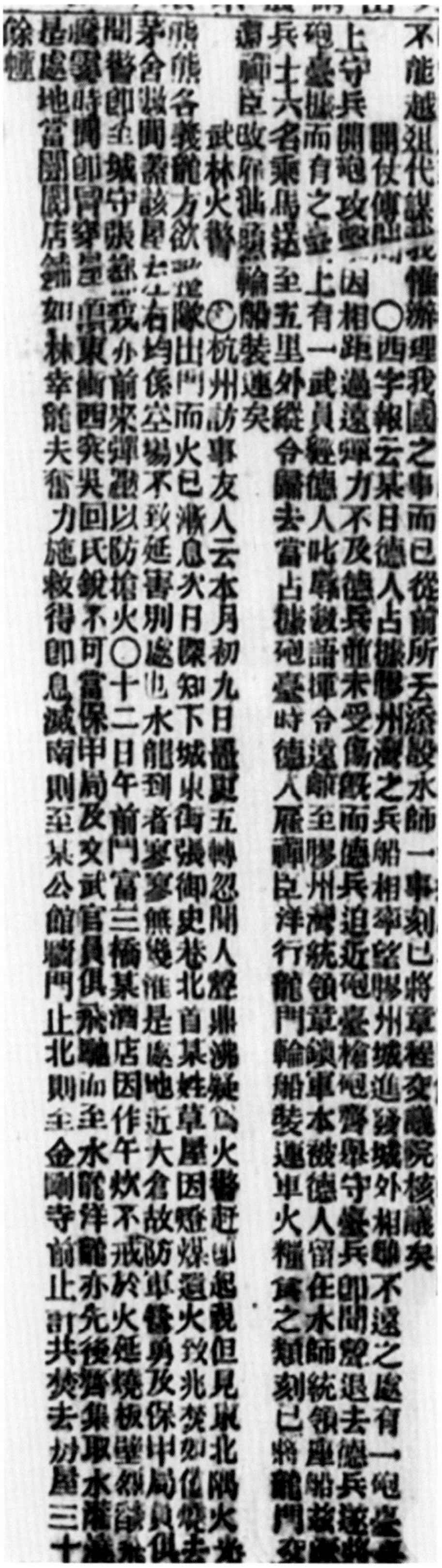

1897 年 12 月 9 日，《申报》报道：德国军队攻占胶州炮台，将军火粮草之类运给自己军队使用。

上　德军在胶州用成门上合影。

下　德国军人在胶州用成门内合影。

外出遠爲[illegible]生唯唯而退

海運奏單　○補用道張鼎葆務辦海運一切事請　賞加二品銜　調署保定府知府沈家本二品銜遇道員用　署天津府知府梁丹銘鍾鹿縣知縣調署天津縣知縣陳鴻保候補知縣天津縣縣丞沈揮等四員總理局務並稽察彈壓詭臻妥協沈家本請從優敘梁丹銘請俟歸知府任歸道員班後加二品頂戴陳鴻保請以直隸州知州在任候補沈揮請俟補知縣後以同知用　歸道員班後加二品銜候補知府李榮梧署調直隸濼委鹽運使補用道雲南補用知府韓銑候補知府吳鑒江槐序同政徐楨群候補同知直隸州知州賀以鎬等七員管理收發官剝並支銷事宜李榮梧請俟歸知府任歸道員班後給予二品　封典韓銑請俟歸知府任歸道員班後加二品銜吳鑒請從優議敘江槐序請俟補缺後以道員在任候補周政徐楨群均請俟補缺後以道員用賀以鎬請加四品銜　試用縣丞土志群驗收剝船請俟補缺後以知縣用　補用同知候補知縣劉獻謨管理回空漕船挖土壓載請俟歸知縣任歸同知班後加四品銜追用候補知縣高維敬濟船進口稽查彈壓請俟歸知縣任歸直隸州班後加知府銜　試用直隸州州同黃祖戴巡查偷盜請俟補缺後以知州在任候補試用布經歷姚贊元試用府經歷周楫試用主簿許殿臣等三員滿河按段巡查會同外國扦子手指引停泊處所姚贊元請俟補缺後以知州用周楫請俟補缺後以知縣用許殿臣請俟補缺後以州判用　此稿未完

保定新聞

淫僧宜逐　○保定友人遞來手畢云省垣延壽禪寺大梵宇也有方丈僧名貞修者素性佻僻不守清規今年於寺中潛設賭局引誘青年子弟入局名爲資助香火實則藉此分肥而宵小匪類溷迹其中藏垢納污無所不爲日前經右營游府李堯卿游戎訪知其事遂率丁兵前往捕緝當時抄獲賭具並拿賭客數名即讞帶回送縣究治因見其禪房鋪設華麗疑有婦女藏匿其中各處搜覓見有大箱鎖閉件即打開看視其一所儲者皆女衣香奩等物其一則金蓮寶光物其中五光十色鮮豔奪目方欲拘僧訊問而已驟然遠颺不知逃避何處矣游戎乃飭隨從一併携帶回署飭兵丁追緝該僧候辦云　頃有人自省來云某日在東郭外經過見該僧逍遙自得毫無顧忌蓋是日適爲某姓來此安葬該僧見有婦女紛集遂從旁窺探不置如此目無法紀宜何如懲治之使淫僧知所畏懼耶

山東新聞

膠事三誌　○山左訪事友遞來手畢云前月中旬德兵六七百人前來膠城履勘各處關局情形向膠牧索雞蛋一千枚秫稭八百捆州官隨辦隨送不敢留難夜間住宿州署及考院城隍廟各處兵官率隊分班梭巡並放電氣球照耀遠近如同白晝凡住四晝夜仍回海口云

營口新聞

1897 年 12 月 27 日，《申报》报道：德兵入胶城索鸡蛋一千个、秫稭（秸）八百捆。

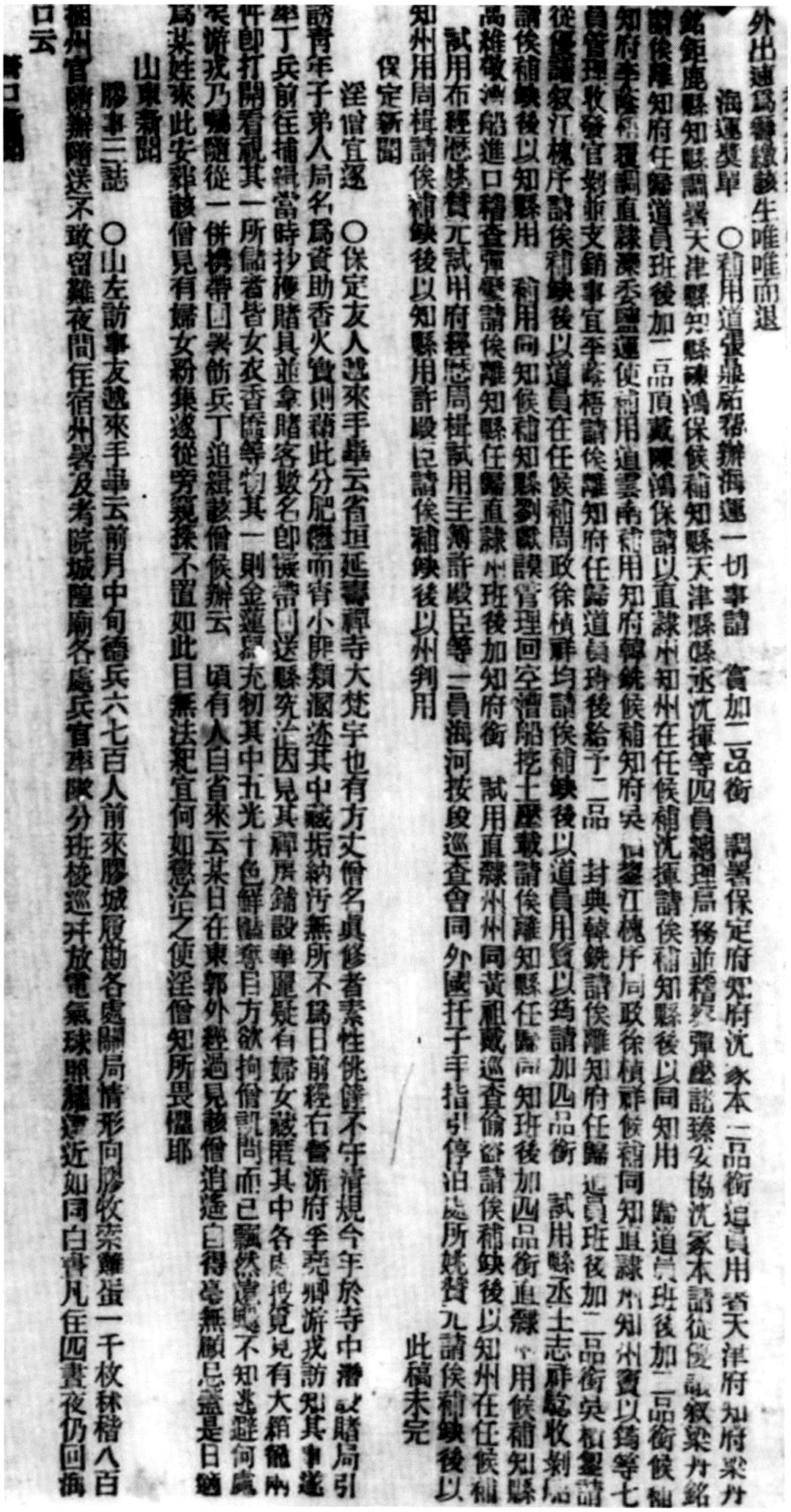

德军在胶州征用当地老百姓为其运送随行的给养物资。

德军在胶州征用当地老百姓为其运送随行的给养物资。

上　山东巡抚署录存关于德帝国主义侵害我（鲁）省主权、人民起而反
　　抗情况报告的电文。

下左　1898 年 1 月 29 日，《国闻报》报道：本月二号德国军队占据胶州城，
　　　枪杀百姓。

下右　1898 年 1 月 28 日，《国闻报》报道：胶州百姓杀死德兵数人。

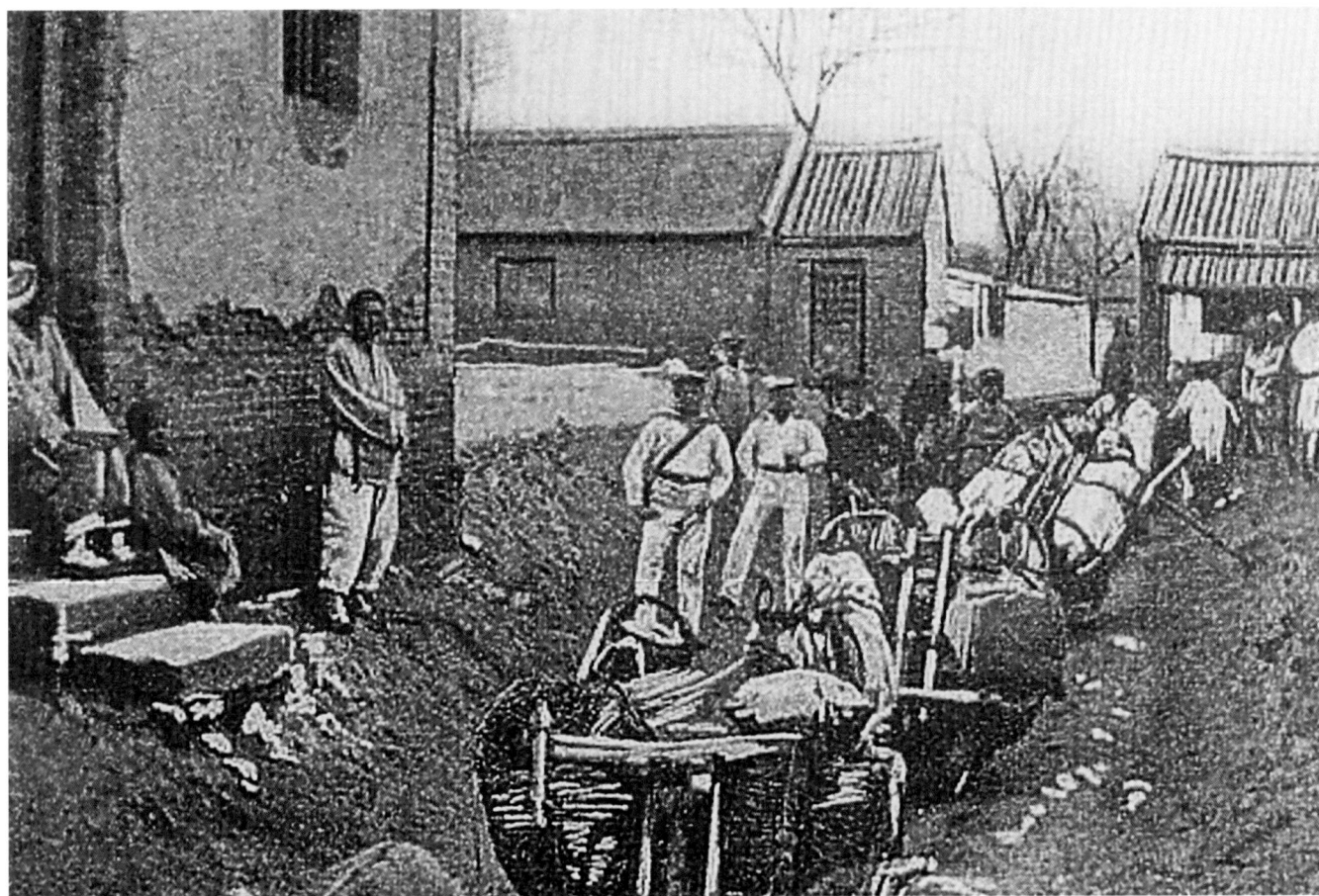

上　德国军人站在胶州街道上，街道上是运送物资的独轮车队。

1898 年 1 月 31 日，《申报》报道：胶州二百余人纵火焚烧德军兵营。

香港《循环日报》：胶州华人中之强有力者密约二百余人，于某日之夜身穿短袄，手执长枪，乘德人不备，因风纵火，焚去德国营房两所，击伤德弁一员，兵三名，迨天明，始一哄而散。

上　德军在胶州城东瓮城门合影。

下　德军在胶州内城西门合影。

左 1898年2月2日，《申报》报道：德国兵每日向胶牧索取木炭八百余斤，木柴四千五百斤。

右 光绪二十四年（1898）二月五日，收山东巡抚电：胶民董彦方无故被洋人杀死。

上　德军在胶州菩萨庙山门合影。

下　德军在胶州天后宫戏楼合影。

德军在胶州天后宫合影。

德军在胶州天后宫合影。

上　德军在胶州天后宫合影。

下　德国军人在胶州城隍庙。

上　德国军人在胶州城隍庙戏楼合影。

下　德国军人在胶州城门口合影。

上　胶州衙门门口

下　德国军人在胶州考院牌坊前合影。

上　德军在胶州内城东门里牌坊前合影。

下　德军在胶州城门楼上。

三、攻即墨

第三款甲舖做一萬兩銀股份者應可買一萬兩銀保險不能多也乙舖做八千兩銀股份者應可買八千

兩銀保險不能多所以防人心奸巧作弊 第四款甲舖生意本錢各項若共值銀不足一萬兩者不可做一萬兩銀股份乙舖生意本錢

若共值銀不足八千兩者不可做八千兩銀股份亦所以防人心奸巧作弊 第五款如此招股合全華城之力爲之約可得股本銀一

兩設如甲舖被災甲舖曾經買火燭保險銀一萬兩則做一萬兩銀股份者出一兩銀賠之做一千兩銀股份者出一錢銀賠之餘之照此

銀若干家若干股數而已矣若合共股本愈大則所攤愈輕 第六款若無生意本錢各項之可查而但有房身舖完者則照坭水木匠行驗過

值銀若干照其數若干銀股份並以若干銀保險 第七款做若干銀股份並以若干銀保險者公司給回一票爲憑 第八款公司給回之

票寫明某街某號門某號公司當大部內又自有號數編列之與股票之號數相對 第九款若生意不前將舖歇閉貨物不存不能做股份不

能買保險者可即將票封公司銷號進銷號之前一日若有被災舖戶要賠銀者則必要照股份攤派繳清所賠銀乃可銷號以免取巧 第十

款做股份者不用出本銀但做一萬兩銀股份者每月要出費用銀一兩做一千兩銀股份者每月要出費用銀一錢以爲製造水喉及各

樣救火器具之費且爲公司辦事人之薪水 第十一款開火警但許公司任事人不許別人混雜既買保險者不得擅將什物搬帶出外一概

交公司管理 第十二款凡本舖自失火非別家遷累者不得賠償 以上共十二款似乎着實易行大意無非有福同享有禍同當不使一

家獨受其禍云耳且如此辦法年中可得十餘萬兩銀爲經費救火器具人手自然完備而且既有保險可以賠償則當火勢難救之時拆舖

間火路亦甚易公司爲之舖人情無不願也然言之甚易行之甚難忠信爲實銀紙大利不待開礦鐵路人人皆知而洋人爲之華人

窮極於義而已本自有忠信之福而不能興則此保火燭險之法恐亦銀紙之類本來易做本來可行而華人至今未能行者也豈洋人之性

忠信而華人之性則偽也明理者細思其所以然

願我天津各處水會林立即赴以鑒同里相救之誼且法美意中外同欽若再能仿照此法設立保險公司實於地方民居商務均有

大益合將此論登以備仿行 本館謹識

山東教案十五誌

本館昨接東省來電據云初四日有德兵三四百人由青島先往倉口後向東北而行大約係前赴即墨縣城者以此情形德人直欲與中國

以干戈相見矣合亟登錄以供眾覽本津西人日前傳言有俄國兵船數艘及日本兵船數艘先後在膠州海面游弋傳聞如是未知確否姑

援有聞必錄之例以覘其後

山東教案十六誌

德人在上海雇備運船及德兵在膠州建兵房各節均已登紀前報茲接中友來函云德人所雇商船總名龍門係輪船行之船其由申開

赴膠州時裝有德器酒一百箱係將兵船機器及槍砲之用并於糧食之外裝有木板木條鐵杆洋灰以及蓋屋用之鉛瓦等件爲物甚多

是德人未赴膠澳之先已作久居之計刻下此船仍來往申膠一帶專供轉運之差云

天津本地新聞

搶劫馬隊 ○遵化直隸州知州陳牧東直剌以該處土匪搶劫滋事請調搶馬隊以資彈壓一節業紀昨報茲悉已蒙制憲批准撥

撥通永練馬隊一營前往該處巡緝彈壓衙知會不日即可就道矣

驗從放火 ○大寺西王姓家都富有賊所邇入冬來屢有梁上君子踰牆而入以防後嚴密始終未得奏手該賊以屢次空

回懷恨因起意放火刻五日黎明時將其後院之柴棚燃着幸爲巡更者瞥見即喚人救滅須臾即熄僅毀草房一間未至蔓延亦云

乎矣然王姓者仍防其復至夫有此不安於心之勢云

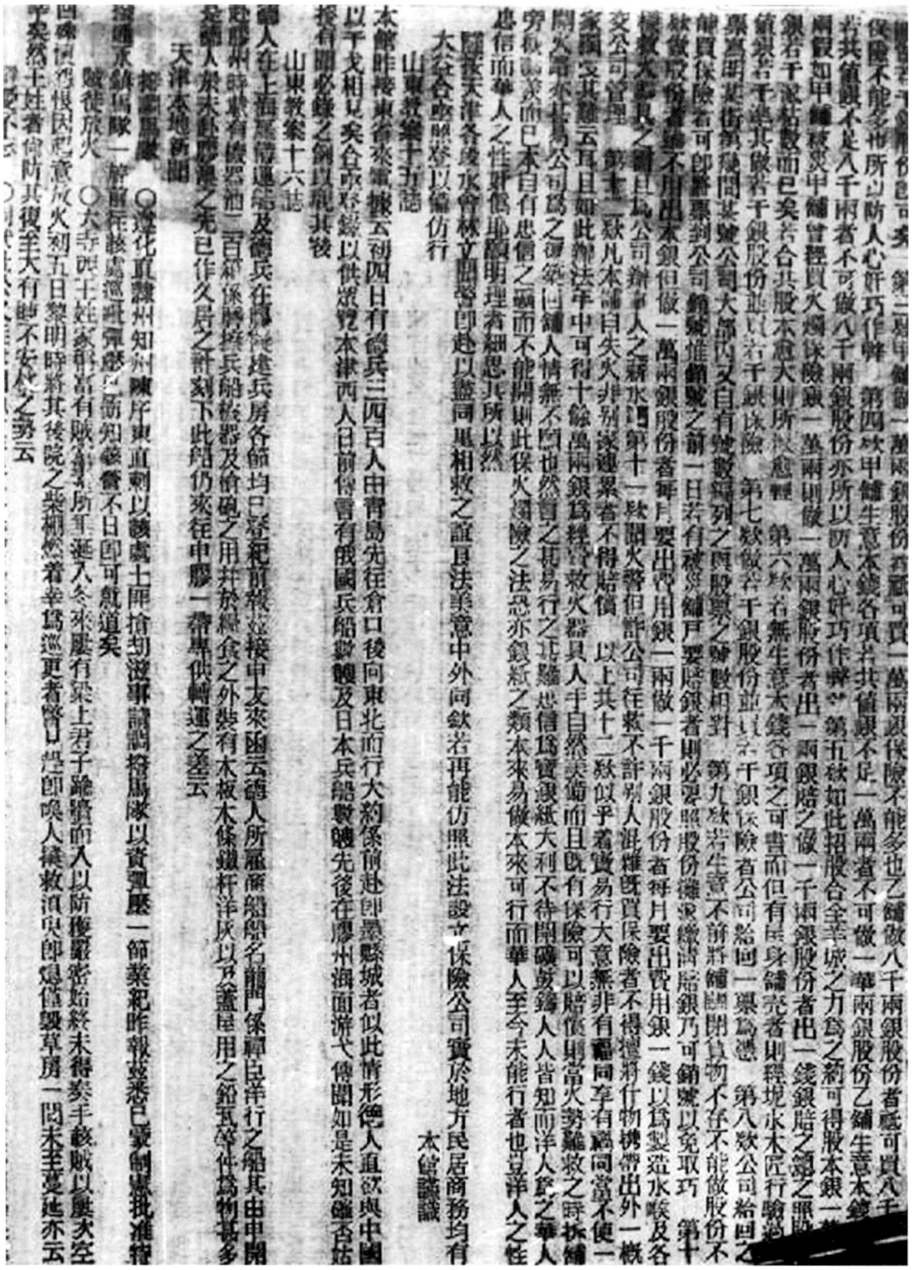

山东教案十五志：“初四日有德军三四百人，由青岛先往仓口，后向东北而行，大约系前赴即墨县城者。”

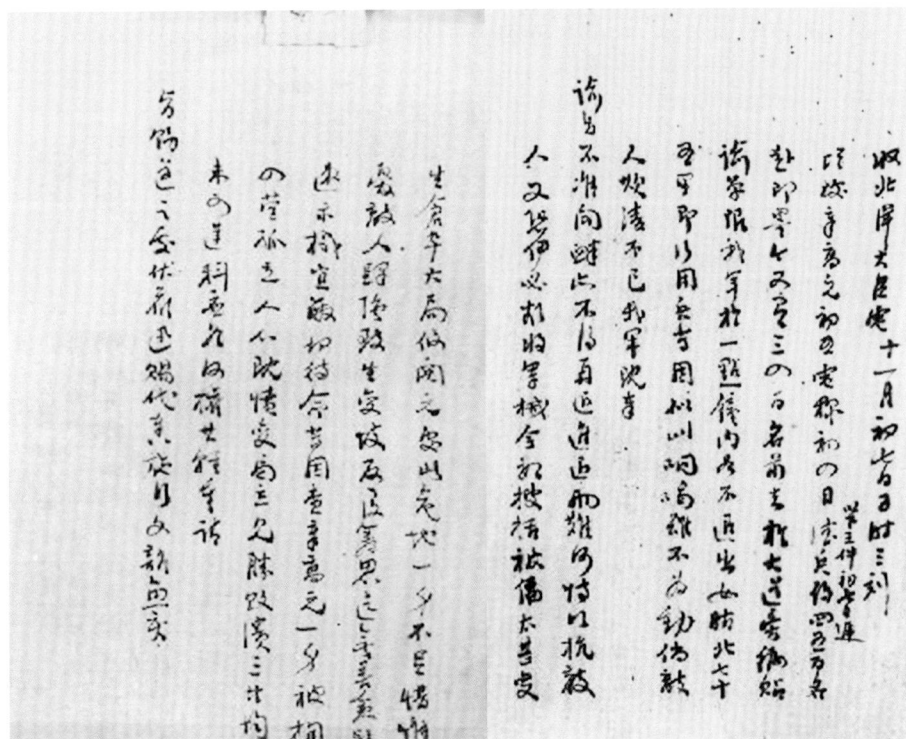

上　德军在墨水河的石桥上。

下　光绪二十三年（1897）十一月七日收北洋大臣电：德兵四五百名赴即
　　墨，遍贴谕单恫喝清军。清朝皇帝谕旨回复。

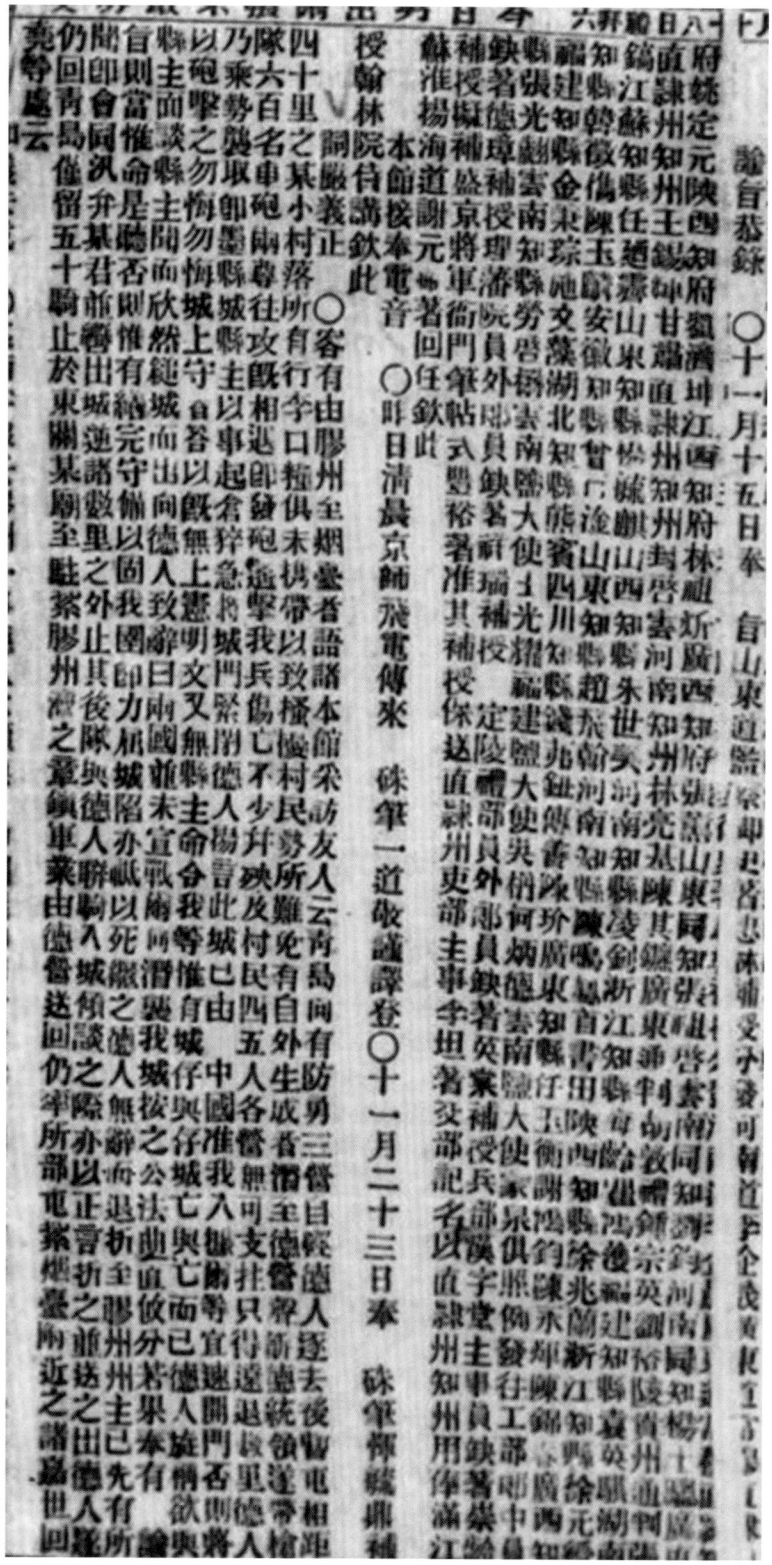

1897 年 12 月 18 日的《申报》新闻稿

德军分遣队逼近即墨县城，驻守的清军望风而逃，德军顺利进入县城。

德军占领即墨城南门。

德军占领即墨城南门。

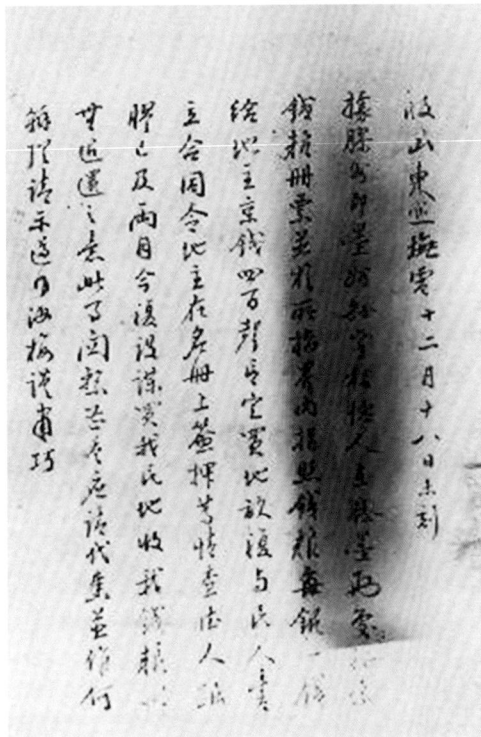

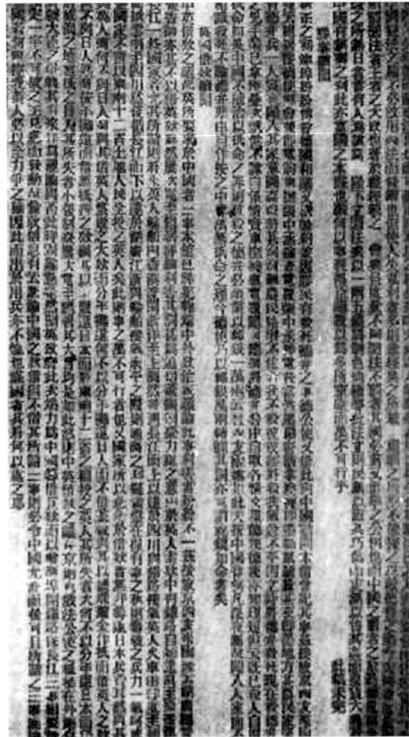

上　德军在即墨南城门的操场上。

下左　光绪二十三年（1897）十二月十八日收山东巡抚电：据胶州即墨县
　　　禀称，德人在胶即征索钱粮。

下右　1898年2月3日，《国闻报》报道：即墨某农民黑夜杀死闯入该
　　　户欲行不轨的德兵之一人。

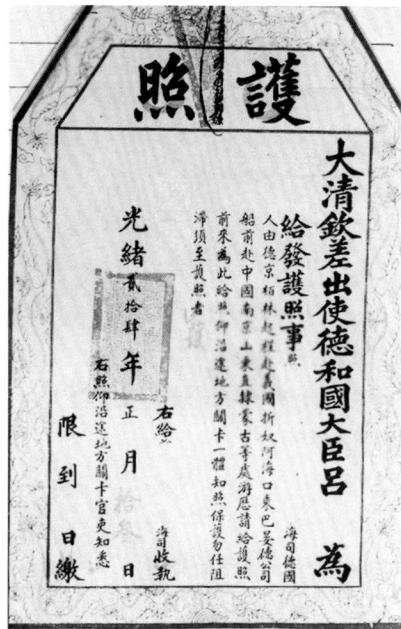

Der kaiserliche Reisepass des Verfassers für Schantung, Petschili und die Mongolei im Jahre 1905.

上左 出使德国大臣吕海寰。一名在即墨县城西门站岗巡逻的德兵因酗酒闯入民宅滋事，被居民李象凤杀死。为此事，总理各国事务衙门不断致电吕海寰，让他与德国进行交涉。最后，以处死李象凤、允许德国人修建胶澳经沂州到济南的铁路、划出铁道两侧德国的势力范围为代价，德军撤出即墨。

上右 大清钦差出使德和国大臣吕海寰发给德人海司到中国南京、山东、直隶、蒙古等处游历的护照

下 德国军人在即墨城街道上。（德国历史博物馆提供）

1898 年 2 月 20 日，《申报》报道：因有德兵被百姓所害，德人惶恐异常，各要隘多派兵士严守。

上 光绪二十四年（1898）三月三十日，即墨县发往济南省抚台的电报：德兵枪杀仇维义胞兄。

下 即墨城内的德国士兵与百姓（青岛印象博物馆提供）

上　光绪二十四年（1898）三月初九总署给济南抚台：德兵入侵即墨城，毁坏孔庙圣像。

下　光绪二十四年（1898）四月十六日收山东巡抚张汝梅电：即墨文庙被德兵毁坏。

上　即墨文庙大门内院

下　即墨文庙大成殿内孔子塑像和神位。1898 年 1 月 22 日，据报，正月
　　初一日有德国洋人率领多人，闯入即墨县文庙，将圣象四体伤坏，
　　并将先贤仲子双目挖去。此事在北京传开，引起正在参加科举考试
　　的学子和士人们的极大愤慨，纷纷上书。

上 康有为是近代著名政治家、思想家、社会改革家、书法家和学者，也是戊戌变法的领袖。德国士兵毁坏即墨文庙的事件发生后，康有为、梁启超等人公车上书，这次公车上书终于上达到光绪皇帝。光绪皇帝召见康有为等人后，决心推行政治变革。史称"戊戌变法"，又称"百日维新"运动。

下 梁启超是中国近代史上著名的政治活动家、启蒙思想家、资产阶级宣传家、教育家、史学家和文学家、学者，戊戌变法领袖之一。

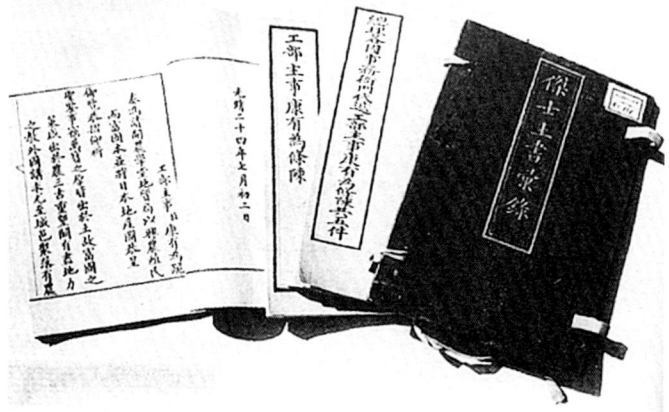

上 松筠庵——康有为等人在北京策动"公车上书"的地方

下左 《公车上书记》

下右 《杰士上书汇录》

1898 年 3 月，德军撤出即墨前，德国军官与即墨知县朱衣绣等合影。

第五节　屈辱之约

　　1897年11月20日，中德就德军侵占胶州湾进行谈判，德国驻华公使海靖提出罢免山东巡抚等六项要求。

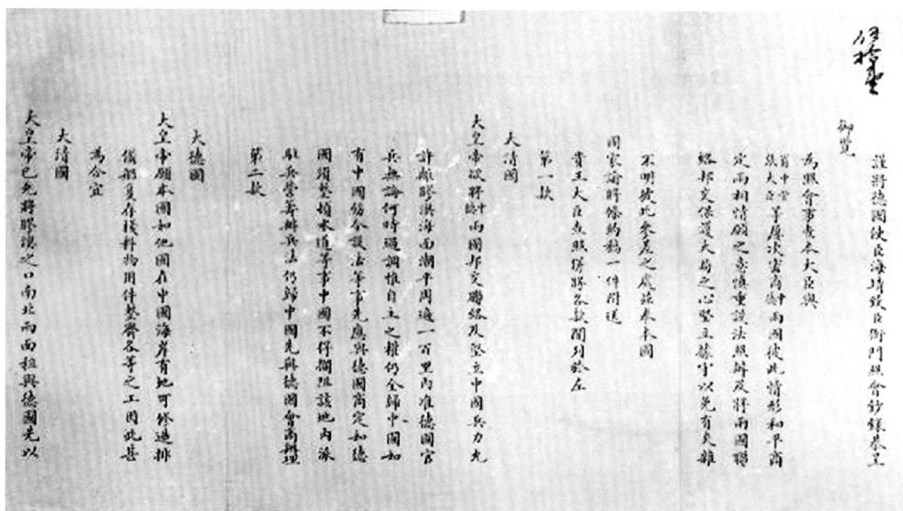

上　海靖是1896—1899年在任的德国驻华公使。

下　光绪二十三年（1897）德国使臣海靖致总理衙门的照会之一。全文内容旨在极力扩大事态，为德国侵占胶澳寻找借口。

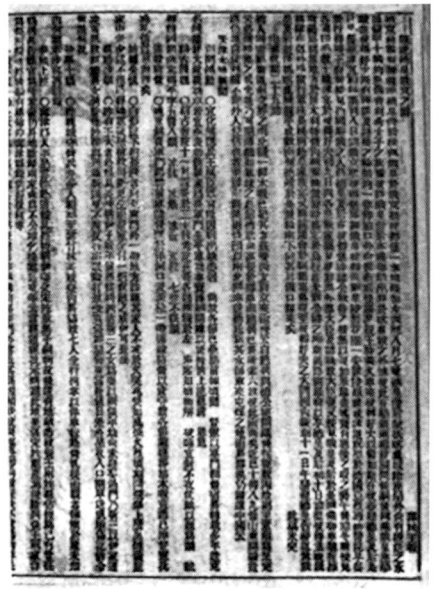

上　总理各国事务衙门屈辱地接受了德国提出的条件。

下左　德国皇帝与海因里希亲王的合影。1897年12月16日，以德国海
　　　因里希亲王为指挥官的德国第二舰队离开基尔港，于翌年5月6日
　　　抵达胶州湾。

下右　1897年12月15日《国闻报》报道了德国占领胶澳时的谈判过程，
　　　清朝廷将主权奉送给德国。

明信片中青岛口的德国驻军

大皇帝願本國如他國在中國海岸有地可修造備船隻存稅
料物用件整齊各等之工因此甚為合宜

大清國
大皇帝已允將膠澳之口南北兩面租與德國先以九十九年為
限德國於所租之地應盖礮臺等事以保地段各項護衛

澳口
第三款
德國所租之地租期未完中國不得治理均歸德國管轄以
克兩國爭端茲將所租各段之地開列於後一膠澳之口北

第一款
大清國
大皇帝放仰兩國邦交聯絡並增武備威勢先許離膠澳海面
潮平周遭一百里內係中國如有中國飭令設法等事先應與
德國商定如德國須整頓水道等事中國不得攔阻該地內
准自主之權仍令歸中國
派駐兵營畫辦兵法仍歸中國先與德國會商辦理
第二款
大德國

山東曹州府教案現已商結中國另外酬德國前經相助之
誼故
大清國
大清國
大德國
國家欲此願將兩國睦誼益增為貴兩國商民貿易較之格外
聯絡是以和衷商定事條開列於左
第一端
膠澳租界

地界內章民如能安分並不肇亂仍可隨意居住德國自應
一體保護像德國寓用地土應給主地價並中國原有稅
卡設立在德國租地之外惟所商定一百里地之內此事歸
國即將應納稅之界及納稅章程與中國另外商定無損
於中國之法辦結
第二端
鐵路礦務等事
第一款
中國

中國之船亦應一體照辦另外決無攔阻之事
第四款
膠澳外各島及淺灘德國應設立浮椿等號各國船均應
納費中國船亦應納費以整口岸各工程之用其餘各費
中國船亦無庸納
第五款
嗣後如德國租期未滿之前自願將膠澳歸還中國所
有在膠澳費道中國應償還另將較此相宜之處讓於德
國德國向中國所租之地德國應許永遠不料租與別國租

西所有連某地之島其東北以一線自陰島東北角起至勞
山灣為限二膠澳之口南所有連某地之島其西南以一
線自離彼伯山陰島南而偏南之灣西南角起往苗羅山島為
限三膠澳之口前防灣海南處四膠澳之內全海面至現在潮平之
地丈膠澳之前自陰島北所有連某地以外
德國租地及膠澳周圍一百里中國官將來兩國派員會
照此情詳細定明在膠澳周邊中國兵商各船均與德國交之
各船德國擬一律優待因膠澳內海面之地均歸德國管轄德國
國家無論何時可以定妥章程約束他國柱束各船此章程即

上　《胶澳租借条约》封底（原件现存于德国外交部）

中、下　中文《胶澳租借条约》内文（原件现存于德国外交部）

國家先准德國在山東省蓋造鐵路二道其一由膠澳經濰縣青州博山淄川鄒平等處往濟南及山東界其二由膠澳往沂州及由此處經過萊蕪至濟南府其由濟南府往山東界之一道應俟鐵路造至濟南府後始可開造以便再商與中國自辦幹路相接

第二款

蓋造以上各鐵路設立德商華商公司或設立一處或設立

第三款

散處德商華商各自集股服各派委員領辦

一切辦法兩國還速另訂合同神兩國自行商定此事惟所立德國商公司造辦以上鐵路中國

國家理應優待較辦以上鐵路之華洋商務公司辦理各事所得利益不使向隔查此款

蓋造以上鐵路決不偏山東地土

第四款

於所開各道鐵路附近之處相距三十里内如膠濟濰縣在難縣開挖山縣等處濟南路在沂州沂府萊蕪縣等處亦准德商開挖煤斤等項及須料工程各事亦可德商華商合股

闻择其礦務章程亦應另安讓德國商人及工程人中國

國家亦應按照修蓋鐵路一節所云一律優待諸在中國他處之華洋商務公司辦理各事所得利益不使向隔查此款

齊條專為治理商務起見並無他意

第三篇

山東全省辦事之法

在山東省内如有開辦各項事務商定向外洋招募幫助為理或用外國人或用外國資本或用外國料物中國應許先問設德國商人等願否承辦工程售賣料物如德商不願永

辦此項工程及侍電料物中國可任憑自便另辦以照公充

大皇帝批准中國批准之約與德國柏林之後德國批准之約交給中國駐德國大臣收須作為互換之據

此約條應照四分繕文華文各二由兩國大臣畫押盖印各執德文一分以照信守

大清光緒二十四年三月初六日

大德一千八百九十八年三月十四日

大清欽差總署

大德欽差駐紮中華便宜行事大臣海

Freiherr von Heyking

上、中　中文《胶澳租借条约》内文（原件现存于德国外交部）

下　中文条约上的印章（原件现存于德国外交部）

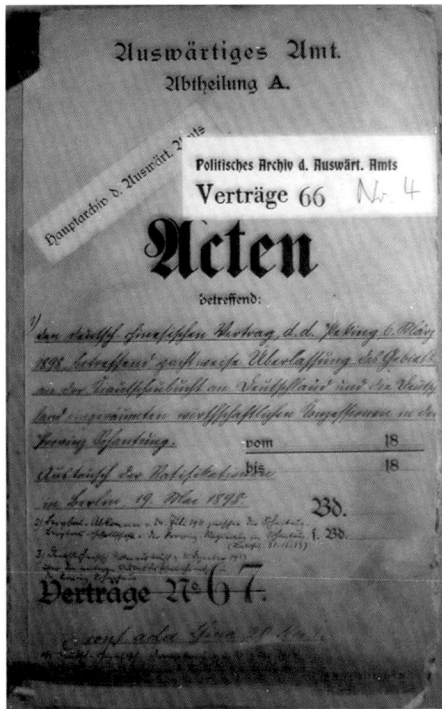

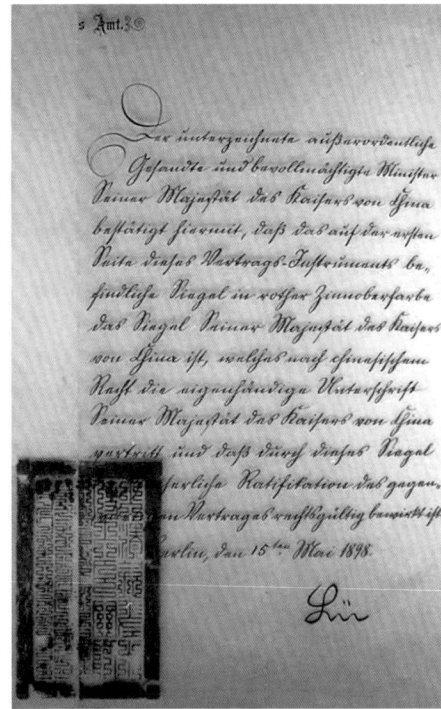

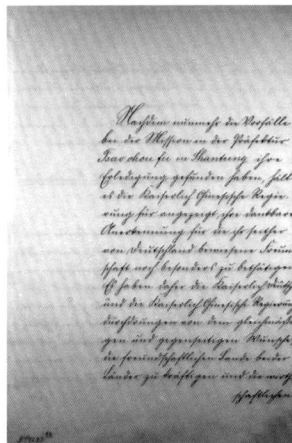

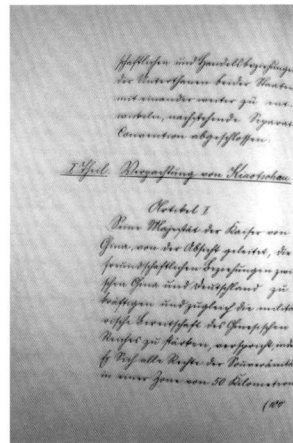

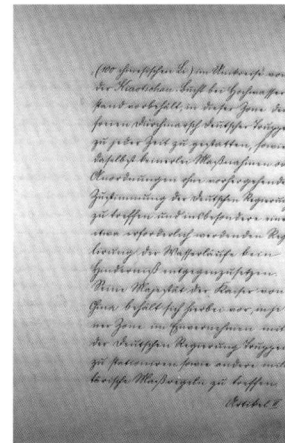

上左　德文《胶澳租借条约》封面（原件现存于德国外交部）

上右　德文《胶澳租借条约》前言、条约声明（原件现存于德国外交部）

下　德文《胶澳租借条约》内文（原件现存于德国外交部）

德文《胶澳租借条约》内文（原件现存于德国外交部）

德文《胶澳租借条约》内文（原件现存于德国外交部）

上 《胶澳租借条约》清朝签订代表之一，大清钦命总理各国事务大臣、太子太傅、文华殿大学士、一等肃毅伯李鸿章

中 《胶澳租借条约》清朝签订代表之一，总理各国事务大臣、军机大臣、协办大学士、户部尚书翁同龢

下 《胶澳租借条约》德国签订代表，大德钦差驻扎中华便宜行事大臣海靖

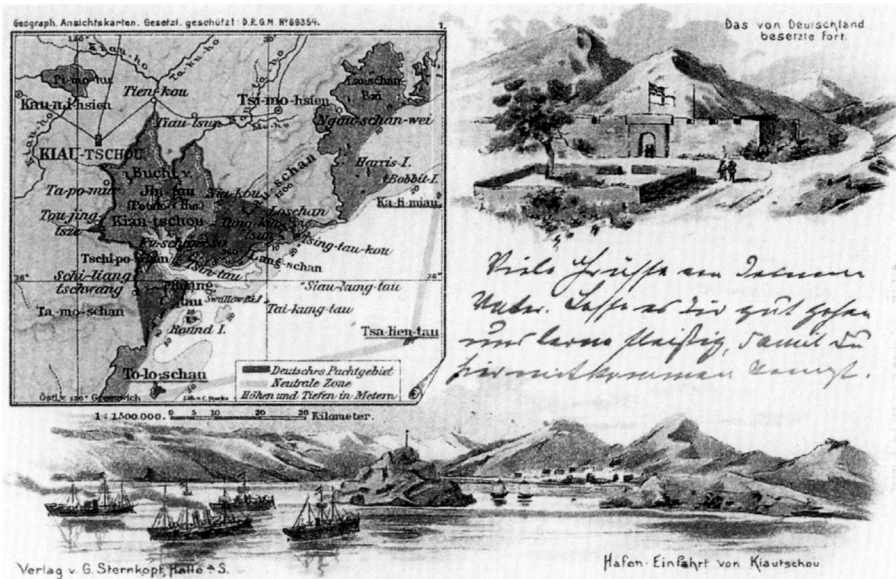

上 德国纪念明信片。这张德国侵占胶州湾的纪念明信片包含三方面的
内容：左上方为德国胶澳租借地及周边区域，右上图是德军占领清
军兵营，下图为停泊在胶州湾口的德国军舰。

下 德国书籍《德意志帝国海军扬帆胶州湾》的封面

法国漫画《宰杀中国龙》

1897 年 12 月，中德胶州湾谈判进入关键阶段，为向中国当局施压和为谈判桌上的海靖助威，德皇威廉二世任命海因里希亲王为帝国第二舰队司令，率领"奥古斯特皇后"号巡洋舰、"格菲翁"号和"德意志"号装甲舰前往胶州湾。

为了赢得英国的支持，德皇威廉二世要求海因里希亲王在英国朴次茅斯港停泊时，专程拜见其外祖母——英国女王维多利亚。

舰队出港之前，威廉二世亲自为海因里希亲王壮行，做了一场慷慨激昂的演讲。他告诫舰队要展现出德意志的实力，达到"最终夺取青岛"的目的，强调对中国要"用铁拳打进去"。

果然，大军压境之下，《胶澳租借条约》顺利签署。1898 年 1 月 27 日，德皇敕令胶澳占领区由德国海军部管理。

同年 5 月 6 日，海因里希亲王率领舰队抵达青岛。他的新职务是德国东亚巡洋舰队司令，接替了 1897 年 11 月率军侵占胶州湾的棣德利。

参考文献

班鹏志. 接收青岛纪念写真 [M]. 书林书局，1922.

〔德〕汉斯-马丁·辛茨，〔德〕克里斯托夫·林德. 青岛：德国殖民历史之中国篇（1987—1914）[M]. 青岛：青岛出版社，2011.

Hesse-Wartegg, Ernst von (1898): *Schantung und Deutsch-China: Von Kiautschou ins Heilige Land von China und vom Jangtsekiang nach Peking im Jahre 1898*, 1. Auflage, Leipzig, J. J Weber Verlag.

Franzius, Georg (1898): *Kiautschou: Deutschlands Erwerbung in Ostasien*. 4. Auflage, Berlin, Schall & Grund Verlag.

Paul, Lindenberg (1899): *Fritz Vogelsang: Abenteuer eines deutschen Schiffsjungen in Kiautschou*, 1. Auflage, Berlin, Ferd. Dümmler Verlag.

Stenz, Georg Maria (1902): *In der Heimat des Konfuzius: Skizzen, Bilder und Erlebnisse aus Schantung*, 1. Auflag, Steyl, Missionsdruckerei Verlag.

Winterhalder, Theodor Ritter von (1902): *Kämpfe in China. Eine Darstellung der Wirren und der Betheiligung von Österreich-Ungarns Seemacht an ihrer Niederwerfung in den Jahren 1900 – 1901*, 1. Auflage, Wien-Budapest, Hartleben Verlag.

Eugenie, Höpfner (2013): *Unsere Reise nach Tsingtau im Jahre 1911*, 1. Auflage, Merzhausen, Blücher-Verlag.

Wagner, Rudolf (1913): *Eine Reise durch die deutschen Kolonien: VI. Band Kiautschou*, 1. Auflage, Wolfenbüttel, Melchior Verlag.

Richthofen, Ferdinand (1982): *Entdeckungsreisen in China 1868 – 1872: Die Ersterforschung des Reiches der Mitte*, 1. Auflage, Lenningen, Erdmann Verlag.

陆游，徐晓梅. 青岛老明信片（1897—1914）[M]. 青岛：青岛出版社，2005.

青岛市博物馆，中国第一历史档案馆，青岛市社会科学研究. 德国侵占胶州湾史料选编（1897—1898）[M]. 济南：山东人民出版社，1986.

Автор-составитель К.П.Губер Отпечатано с готовых диапозитивов заказчика на ООО АНТТ-Принт подписана к печати 26,11,2003г 2003

马洪林. 康有为大传 [M]. 沈阳：辽宁人民出版社，1988.

青岛市文物管理委员会. 青岛胜迹集粹 [M]. 内部刊物，1986.

九鼎轩主人. 刘琳. 海表名邦　百年回眸——胶州老照片 [M]. 中国古籍文物出版社，2018.

黄济显. 即墨古城照片档案 [M]. 北京：中国文史出版社，2007.

阎立津. 青岛旧影 [M]. 北京：人民美术出版社，2004.

上海市历史博物馆. 青岛旧影 [M]. 上海：上海古籍出版社，2007.

青岛史志办公室. 青岛市志·大事记（1891—1990）[M]. 北京：五洲传播出版社，2000.

青岛市档案馆. 青岛开埠十七年——《胶澳发展备忘录》全译 [M]. 北京：中国档案出版社，2007.

陆安. 青岛近现代史 [M]. 青岛：青岛出版社，2001.

杨来青. 德国侵占胶州湾研究 [M]. 青岛：青岛出版社，2017.

后记

在编写本书之前，我曾出版《青岛旧影》（人民美术出版社），和李生德、阎振辉共同编写了《日本两次侵占青岛图志》（青岛出版社），均得到了很好的社会反响。近年来，我又致力于收集青岛老照片和与之相关的史料，希望能适应社会需求，把青岛城市百余年的历史发展脉迹编纂成一套综合性的图像集。根据搜集到的资料，图像集定名为《青岛图像志》。《青岛图像志》计划分为上下两部。上部以1891年至1949年为经线，主要以新中国成立前的历史照片、图、文、电报、书札、奏折等资料为内容，按不同历史时期分卷编写；下部以1949年新中国成立后的照片、图、文等资料为依据，按社会主义不同发展阶段分卷编写。此书为上部的第一卷，因疫情原因，延期至今出版。

图之有志，自古有之，大抵分为两种，一是附有地图的地志书，如唐李吉甫《元和郡县图志》、清魏源《海国图志》；二是由此延伸出来的"图志"，如宋沈括《梦溪笔谈·辩证二》、金王若虚《门山县吏隐堂记》等。欧洲也有此类志书，如《伦敦新闻画报》是新闻性质的纪实文体，传之即为志。本书与图集的不同之处在于它是以史实为线索，有图有志，以图为志，旨在用凝固的历史瞬间展示城市发展的粗略轨迹。

近代科学发展、欧洲工业化的浪潮带来了照相技术。值大清王朝走向衰落之时，帝国主义凭借坚船利炮疯狂开拓海外殖民地，也把这种技术带进了古老的中国，留下了不同时期的不同图像，成为该书的基本材料来源。

在本书中，人们可以直面历史，回到那个时代中去，感受朝廷的无能、官吏的腐败、生产力的落后和民生的凋敝，深刻体验到那种沉重的苦痛，感受到那种彻骨的无奈，从而意识到，封闭就要倒退，腐败就要亡国，落后就要挨打！

此上所言为"图而有志"，以下由是"志而有图"。

"志"即记住，前师不忘，后事之师。忘记过去就意味着背叛。

"图"，共图大业之谓也！国人当痛定思痛，奋起直追，为实现我们伟大民族复兴的中国梦，有所为有所图，在中国共产党的领导下，团结一心，共同奋斗，大展宏图，真正实现富国强兵，骄傲地立于世界强国之列。

本卷书在年代划分上，因清朝对胶州、即墨等地的统治延续到1911年，德国侵占胶澳是1897年，故而时间上有交叉。

项目自2009年开始启动，编写过程中得到马丁·辛茨（德国）、孟鸣飞、李生德、刘咏的特别关注和帮助。2019年夏天，马丁·辛茨夫妇来青岛和我一起审查、修订书稿。多次审稿中，谷青也随时给予帮助。没有他们的支持，这卷图志不可能完成。同时，如下国内外人士、朋友和有关单位在资料、文字编写上也助力匪浅：

于庆德、赵梅林、李玲、王佩、阎振辉、克里斯托夫·林德（德国）、衣琳、杨明海、谷青、王栋、马以林、刘云志、胡新忠、管恩智、谢尔盖·宾（俄罗斯）、宋跃、薛彬、李文胜、刘锡宁、杨军、周建明、王立军、陈海波、刘树庆、王玉蓉、姜峰、鲁汉、徐正金、刘乃新、任军、崔旭峰、牟雷、邹勇、东夷、李晓平、瓦尔特·冯·孟轲夫（德国）、崔琳；

德国国家历史博物馆、青岛市图书馆、青岛市博物馆、青岛金华加工制造有限公司、青岛城市建设集团、青岛城市建设文化交流协会、青岛市档案馆、云志艺术馆、青岛手工艺博物馆、王邦直纪念馆、青岛崂山矿泉博物馆。

在此谨对以上个人和单位表示衷心感谢！

阎立津